MARCO POLO

MONTENEGRO

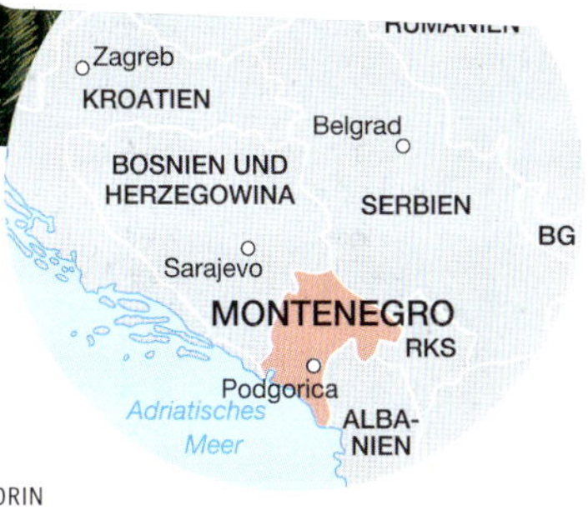

MARCO POLO AUTORIN

Danja Antonović

Ihr Studium in Frankfurt finanzierte sich Danja Antonović als Reiseleiterin in Montenegro. Heute arbeitet die Absolventin der Deutschen Journalistenschule als Balkankorrespondentin des Netzwerks Weltreporter.net. Sie berichtet für namhafte Printmedien sowie für Fernsehen und Radio. So oft sie kann, fährt sie von Belgrad aus nach „Monte“, ins steinerne Haus ihres Großvaters.

REIN INS ERLEBEN

Mit dem digitalen Service von MARCO POLO sind Sie noch unbeschwerter unterwegs: Auf den Erlebnistouren zielsicher von A nach B navigieren oder aktuelle Infos abrufen – das und mehr ist nur noch einen Fingertipp entfernt.

Hier geht's lang zu den digitalen Extras:

http://go.marcopolo.de/mon

Touren-App

Ganz einfach orientieren und jederzeit wissen, wo genau Sie gerade sind: Die praktische App zu den Erlebnistouren sorgt dank Offline-Karte und Navigation dafür, dass Sie immer auf dem richtigen Weg sind. Außerdem zeigen Nummern alle empfohlenen Aktivitäten, Genuss-, Kultur- und Shoppingtipps entlang der Tour an.

HTTP://GO.MARCOPOLO.DE/MON

Update-Service

Immer auf dem neuesten Stand in Ihrer Destination sein: Der Online-Update-Service bietet Ihnen nicht nur aktuelle Tipps und Termine, sondern auch Änderungen von Öffnungszeiten, Preisen oder anderen Angaben zu den Reiseführerinhalten. Einfach als PDF ausdrucken oder für Smartphone, Tablet oder E-Reader herunterladen.

SYMBOLE

- INSIDER TIPP Insider-Tipp
- ★ Highlight
- ●●●● Best of ...
- Schöne Aussicht
- Grün & fair: für ökologische oder faire Aspekte

PREISKATEGORIEN HOTELS

€€€	über 100 Euro
€€	50–100 Euro
€	bis 50 Euro

Die Preise gelten für zwei Personen im Doppelzimmer mit Frühstück pro Nacht

PREISKATEGORIEN RESTAURANTS

€€€	über 18 Euro
€€	12–18 Euro
€	bis 12 Euro

Die Preise gelten für eine Hauptspeise

 Titelthemen: Rafting auf der Tara S. 104 | Bauernmarkt in Bar S. 51

GUT ZU WISSEN
Geschichtstabelle → S. 14
Spezialitäten → S. 28
Gegen den Strom → S. 62
Vogelland → S. 72
Orthodoxe Kirche → S. 83
Feiertage → S. 109
Grün & fair reisen → S. 112
Was kostet wie viel? → S. 113
Bücher & Filme → S. 114
Wetter → S. 116
Aussprache → S. 118

KARTEN IM BAND
(124 A1) Seitenzahlen und Koordinaten verweisen auf den Reiseatlas
(0) Ort/Adresse liegt außerhalb des Kartenausschnitts
Es sind auch die Objekte mit Koordinaten versehen, die nicht im Reiseatlas stehen
Eine Karte von Kotor finden Sie auf S. 127

FALTKARTE
(*A–B 2–3*) verweist auf die herausnehmbare Faltkarte

UMSCHLAG VORN:
Die wichtigsten Highlights

UMSCHLAG HINTEN:
Karten von Budva, Cetinje, Herceg Novi und Podgorica

Die besten MARCO POLO Insider-Tipps

Von allen Insider-Tipps finden Sie hier die 15 besten

INSIDER TIPP Freikörperkultur im Bojanadelta
Der längste FKK-Strand des Landes liegt auf der paradiesischen Flussinsel *Ada Bojana* → S. 63

INSIDER TIPP Zu-Hause-Gefühl
Tamara Strugar hat lange in Hamburg gelebt. Seit Jahren begrüßt sie nun in der *Vila Tamara* in Ulcinj Gäste – wenn nötig auch auf Deutsch. Aus einem Garten voller Agaven und Oleander blicken Sie auf den Strand und auf unvergessliche Sonnenuntergänge → S. 63

INSIDER TIPP Engelsstimmen im Fjord
Klape heißen die Männerchöre, die a cappella langsame Balladen singen. Im August treten die besten von ihnen beim *Festival der Männerchöre* in Perast auf → S. 108

INSIDER TIPP Traum in Weiß
In der malerischen Bucht von Petrovac na Moru steht das *Rivijera*, eines der schönsten Hotels in Montenegro → S. 59

INSIDER TIPP Dem Himmel ganz nah
Einfach wandern ist Ihnen zu wenig? Der anspruchsvolle *Peaks of the Balkans Trail* führt Sie hoch ins Prokletijegebirge (Foto o.) → S. 89

INSIDER TIPP Ruine mit Ausblick
In Žabljak am Skutarisee residierten die ersten montenegrinischen Herrscher. Von der *Burgruine* blicken Sie heute weit in die Landschaft → S. 75

INSIDER TIPP Am Seil über den Canyon
An der Đurđevića-Tara-Brücke besiegen Sie Ihre Höhenangst! Mit *Redrockzipline* düsen Sie in 150 m Höhe über den Canyon, während sich unter Ihnen der Fluss dahinschlängelt → S. 83

INSIDER TIPP Rockklänge am Strand
Die Briten zählen das *Sea Dance Festival* am Strand Jaz bei Budva zu den besten Musikevents in Europa. In Deutschland ist es noch immer unbekannt und gilt als Geheimtipp → S. 108

INSIDER TIPP Geografie zum Anfassen

Auf der *Reliefkarte* in Cetinje sehen Sie Montenegros Berge aus der Vogelperspektive → S. 107

INSIDER TIPP Aromatherapie

Schnuppern, stöbern und schmecken – jeden Vormittag breiten sich in Bar betörende Düfte aus, wenn auf dem *Bauernmarkt* die Gaben der mediterranen Natur angeboten werden → S. 51

INSIDER TIPP Grillfleisch vom Balkan

Ćevapčići und *ražnjići* heißen die Grillspezialitäten, die vielerorts als Fast Food angeboten werden. Kommen sie aus Leskovac in Südserbien sind sie ein echtes kulinarisches Highlight. Probieren können Sie im *Leskovački Ćevap* an der Promenade von Petrovac → S. 58

INSIDER TIPP Fenster zur Natur

Der *Botanische Garten* von Kolašin zeigt Ihnen die pflanzliche Vielfalt des Hochlands auf einen Blick → S. 107

INSIDER TIPP Ein Hauch von Saint-Tropez

Südfrankreich lässt grüßen: Der kleine Ort *Rose* besteht nur aus ein paar Steinhäusern, das Meer liegt direkt vor der Haustür. Das malerische Dörfchen ist die „Badewanne" der Belgrader Künstler und Filmstars, die hier im Schatten der Olivenbäume gern ihre Ferien verbringen (Foto u.) → S. 39

INSIDER TIPP Gute Luft, gutes Essen

Nach einem Besuch im berühmten Kloster Ostrog ist das Motel *Koliba Bogetići* genau der richtige Ort, um in guter Luft weltlichen Genüssen zu frönen → S. 79

INSIDER TIPP Steinchen der Erinnerung

Der *Jüdische Friedhof* in Kotor ist der einzige seiner Art in Montenegro. Er erinnert an den Exodus der spanischen Juden im Mittelalter, die ihre Heimat in der Stadt fanden. Ein Steinchen, das man an einen Grabstein legt, ehrt den Verstorbenen → S. 40

BEST OF ...

TOLLE ORTE ZUM NULLTARIF

Neues entdecken und den Geldbeutel schonen

SPAREN

Panoramastraße statt Tunnel

Wenn Sie durch den Tunnel von Sozina vom Skutarisee an die montenegrinische Küste fahren, sparen Sie mehrere Kilometer, zahlen aber 2,50 Euro. Die Alternativroute über die kurvenreiche Straße von Virpazar an die Adria bei Petrovac kostet nichts und bietet ein einmaliges Panorama → S. 50

Ein Clan im Museum

Der Dichter Marko Miljanov verewigte den kämpferischen Kuči-Clan in seinem Geschichtswerk. In Medun tauchen Sie im *Miljanov-Museum* in das Leben des Dichters und die Vergangenheit des Clans ein. Der Eintritt ist frei → S. 75

Freie Bank am Strand

Eine Liege am Strand von *Petrovac na Moru* kostet 10 Euro, ein Platz auf den schönen, alten Bänken der Promenade nichts. Sand und Meer haben Sie trotzdem direkt vor der Nase, und umstehende Bäume spenden Schatten (Foto) → S. 57

Montenegros Künstlernachwuchs

Hier können Sie Talente entdecken! In der *Galerie Josip Bepo Benković* in Herceg Novi sind die Werke junger montenegrinischer Künstler ausgestellt. Zahlen müssen Sie nichts, um sie zu sehen → S. 35

Kräuter sammeln

Minze, Thymian, Rauke und Brennnessel – auf den Märkten wird die duftende Kräuterwelt Montenegros angeboten. Aber selbst pflücken macht mehr Freude. Also ab ins Hinterland des Skutarisees und runter von den Hauptstraßen! Bei *Virpazar* etwa wachsen die Kräuter wild → S. 75

Barfuß auf römischen Mosaiken

In Risan dürfen Sie sich wie ein römischer Bürger fühlen: Ziehen Sie die Schuhe aus und erkunden Sie barfuß und kostenlos die antiken Bodenmosaiken im *Freilichtmuseum* des Orts → S. 45

TYPISCH MONTENEGRO

Das erleben Sie nur hier

Kaffeetradition

Kein Tag ohne Mokka in Montenegro! Morgens, mittags, abends, zwischendurch, vor dem Essen und nach dem Essen wird der Kaffee getrunken. Man serviert ihn in kleinen Tassen, ein Glas Wasser gehört dazu. Probieren Sie in der traditionsreichen *Konditorei Karađuzović* in Stari Bar. Dort bekommen Sie leckere Baklawa dazu → S. 53

Monument auf dem Gipfel

Die Montenegriner verehren ihre Helden mit Inbrunst. Dem größten setzten sie auf einem der höchsten Berge des Landes ein kolossales Denkmal: Auf dem Jezerski vrh im Lovćengebirge ruht Dichterfürst Njegoš im *Mausoleum* mit Ausblick (Foto) → S. 68

Lammfleisch, unter Glut gegart

In der *Kužina* in Podgorica können Sie eine traditionelle montenegrinische Köstlichkeit probieren: saftiges Lammfleisch, das im Keramiktopf im offenen Feuer gegart wird. Der Clou: Auch der Glockendeckel *sač* wird mit Glut bedeckt → S. 71

Täglich Brot

Wer in Montenegro Brot kaufen möchte, muss meist mit dem faden, staatlich subventionierten „Volksbrot" vorliebnehmen. Viele Einheimische backen lieber selbst. Vor allem das frische Brot der Bäuerinnen im Norden ist eine Wonne. Als Gast im Land haben Sie auf dem Campingplatz *Autocamp Razvršje* die Chance, es zu kosten. Dort backt die Mutter des Betreibers → S. 80

Wechselvolle Geschichte und steinerne Zeugnisse

Das Schicksal des kleinen Landes wurde immer wieder von europäischen Mächten bestimmt. In der eindrucksvollen *Altstadt von Kotor* ist die Vielfalt der kulturellen Einflüsse in der Architektur sichtbar → S. 41

Glück im Spiel?

Casinos sind ein besonderer Tourismuszweig in Montenegro. Jedes Hotel, das auf sich hält, besitzt eines. Die besten Gäste sind Italiener, die am Wochenende über die Adria jetten und meist ihr Geld im Land lassen. Wollen Sie es ihnen gleichtun oder es sogar besser machen? Versuchen Sie Ihr Glück im Hotel *Maestral* in Pržno → S. 56

BEST OF ...

SCHÖN, AUCH WENN ES REGNET

Aktivitäten, die Laune machen

Im orthodoxen Heiligtum

Das Kloster *Ostrog* ließ sich der Metropolit der Herzegowina als Zufluchtsort vor den Türken in den Fels hauen. Wer hier vor dem Regen Zuflucht sucht, findet Ruhe in den stillen Räumen und faszinierende „Steintattoos" (Foto) → S. 79

Trotz Tropfen am Strand

Barfuß über den Strand laufen und sich die Füße vom nassen Sand massieren lassen – im milden Klima an der Adria geht das mit Regenschirm genauso gut wie ohne, etwa am *Großen Strand* in Ulcinj → S. 62

Zentrum der modernen Kunst

Die meisten montenegrinischen Künstler malen so, wie ihr Land ist: kraftvoll, farbenfroh und wild. Wer denkt dabei noch an den Regen draußen? Das *Centar savremene umjetnosti* in Podgorica zeigt zeitgenössische Kunst → S. 70

REGEN

Leinwandträume

Genießen Sie an einem verregneten Abend doch einfach Montenegros lebendige Kinolandschaft. Im *Kino Kultura* in Podgorica laufen ausländische Filme im Original. Regisseur Emir Kusturica ist der Besitzer des ehrwürdigen Hotels *Aurora* in Herceg Novi. Im schönen Kinosaal des Hauses sind die gezeigten Klassiker ein besonderer Genuss → S. 71, 38

Käse statt Regen

Setzen Sie sich ins Auto, und gehen Sie auf eine kulinarische Reise. Auf der Käsetour *Putevi sira* schlemmen Sie sich durch die einheimischen Spezialitäten. So gehen gleich mehrere Regentage rum → S. 87

Museum der Seefahrer

Die Gegend um die Bucht von Kotor brachte weltberühmte Kapitäne hervor, die auf dem Meer Wind und Wetter trotzten. Im *Seefahrtsmuseum* von Kotor können Sie sich davon inspirieren lassen → S. 40

ENTSPANNT ZURÜCKLEHNEN

Durchatmen, genießen und verwöhnen lassen

ENTSPANNT

Stilles Kloster am Ende der Welt

Ein Tag auf Gottes Scholle: Mit dem Boot lassen Sie sich auf die Insel *Beška* übersetzen, wo eine Handvoll Nonnen ein zurückgezogenes Leben führen. Im Kirchlein oder beim Anblick der wilden Granatäpfel finden Sie Ruhe und sinnieren über Ihre Reiseerlebnisse → S. 73

Luxuriöse Entspannungsoase

Vom Pool aus auf die Berge der Bucht von Kotor blicken, eine Massage genießen und einfach die Seele baumeln lassen, während ein paar Meter weiter das Wasser um die Yachten plätschert – das *Purobeach* in Tivat bietet Entspannung auf Luxusniveau (Foto) → S. 46

Zur Ginsterblüte an die Küste

Wenn Ende Mai der Ginster blüht, liegt die Küstenstraße inmitten eines gelben Meers. Suchen Sie sich ein gemütliches Plätzchen an der stillen Bucht von *Dobra Voda*, strecken Sie sich auf der Picknickdecke aus, und lassen Sie den zauberhaften Anblick auf sich wirken → S. 52

Meerluft und Massage

Die wechselnden Winde in der langen, unbebauten Bucht von Buljarica tun der Lunge gut, und um Ihren Rücken kümmert sich der Besitzer des kleinen *Savojo Hotel* mit einer Massage am Strand → S. 60

Ein Platz zum Schmökern

Der ehemalige Salzplatz, Trg Nikole Đurkovića, in Herceg Novi ist der perfekte Rückzugsort für entspannte Urlaubslektüre: Die winzige Buchhandlung *So* bietet eine große Auswahl von ausländischen Titeln. Nach dem Stöbern geht es in eine der vielen Bars am Platz, um unter dem Sonnenschirm einen Kaffee zu schlürfen und sich in die neuen Bücher zu vertiefen → S. 36

Wellness mit Tradition

Seit mehr als sechs Jahrzehnten kümmert sich ein Team aus Ärzten und Physiotherapeuten im *Institut Igalo* mit heilenden Händen um die Gäste. Zum Programm gehören unter anderem Schlammpackungen und Aromatherapien → S. 39

AUFTAKT

ENTDECKEN SIE MONTENEGRO!

Nicht einmal zwei Stunden Flugzeit von Berlin, Wien oder Zürich entfernt lockt ein kleines Urlaubsparadies mit ***landschaftlicher Vielfalt*** und ***Zeugnissen einer wechselhaften Geschichte***: Montenegro, das Land der schwarzen Berge, das Land der Helden und Piraten, die im Mittelalter die Türken aus dem Gebirge vertrieben und venezianische Schiffe überfielen. Keine 300 km ist der montenegrinische Küstenstreifen lang, insgesamt ***70 km Strand*** warten auf Badehungrige. Die andere Hälfte des Landes beherrschen die ***Berge***, die mehr als 1000 m über dem Meeresspiegel liegen. Reißende Flüsse winden sich durch die tiefen Schluchten des Durmitor- und des Bjelasicagebirges. Schneebedeckte Bergspitzen spiegeln sich in winzigen Bergseen. Auf einem der unzähligen Bergmassive, dem Lovćen, haben die Montenegriner ihren berühmtesten Dichter Petar II. Petrović Njegoš begraben – von dort reicht der Blick nach Bosnien, Kroatien, Albanien und an klaren Tagen bis nach Italien.
Gerade einmal 176 km beträgt die Entfernung zwischen dem westlichsten und dem östlichsten Punkt Montenegros, nur 200 km liegen zwischen Nord- und Südspitze. Aber die haben es in sich: Selten kann man auf einer so kleinen Fläche so viel sehen und erleben. Nach dem Grand Canyon ist die ***Taraschlucht*** im Nordwesten die tiefste

Bild: Sv. Stefan

Die Bahnstrecke zwischen Belgrad und Bar gehört zu den eindrucksvollsten auf dem Balkan

der Welt. Einer der letzten Urwälder des Kontinents liegt verborgen im Hochland, im ***Nationalpark Biogradska gora***. Am ***Skutarisee*** nisten so viele Vögel wie an keinem anderen See Europas, und zwischen den Orten Herceg Novi und Kotor liegt der ***einzige Fjord des Mittelmeers*** zwischen fast senkrecht aufsteigenden Bergwänden. Und nirgendwo sonst an der östlichen Adria gibt es so schöne Sandstrände wie zwischen Bar und Ulcinj. ***Verträumte Buchten***, hinter Felsen versteckt und von Pinien, Zypressen und Olivenbäumen umsäumt, prägen den Küstenstreifen Montenegros. Ein Spaziergang durch die Blumenstadt Herceg Novi, das Seefahrerstädtchen Perast oder über die verträumte Hotelinsel Sv. Stefan versetzt Sie zurück in die ***Glanzzeiten europäischer Baukunst***. In der autofreien Altstadt von Kotor zeigt

Selten kann man auf einer so kleinen Fläche so viel erleben

Um 1200 v. Chr. Illyrer besiedeln die Gebiete rund um den Skutarisee

2. Jh. v. Chr. Das Römische Reich drängt die Illyrer zurück

7. Jh. n. Chr. Slawen dringen in die römische Provinz Duklja ein. Unter byzantinischer Herrschaft bildet sich das montenegrinische Fürstentum Zeta heraus

15.–18. Jh. Herrschaft Venedigs über die Küstenstädte Kotor, Ulcinj, Budva und Bar

1815–1918 Das Habsburger Reich kontrolliert Teile des Küstenstreifens

sich ein Architekturmix aus venezianischen Barockbauten und österreichisch-ungarischen Bürgerhäusern. Im Landesinnern verstecken sich ***jahrhundertealte orthodoxe Klöster***.

Voller Leidenschaft verteidigen die Bewohner Montenegros den Vielvölkergeist, der hier auch nach dem Zerfall von Josip Broz Titos sozialistischem Jugoslawien weiterlebt. Kroaten, Serben, Albaner, Roma und Muslime wohnen seit Jahrhunderten auf engstem Raum zusammen – Toleranzkapital, das die kleine Republik bei der von Regierung wie Opposition gleichermaßen angestrebten Aufnahme in die EU einbringen will. Denn dass ihr Land tief in ***Europa*** wurzelt, daran lassen die Montenegriner keinen Zweifel: wohin man kommt, ***Spuren der reichen Historie*** des kleinen Landes. In Cetinje etwa wecken alte Botschaftsgebäude Erinnerungen an die Zeit, als die neun Töchter Nikolas I. in die europäischen Höfe einheirateten und der wendige Diplomat so zum „Schwiegervater Europas" avancierte. Schon zuvor hatten die Adelshäuser von Venedig bis Petersburg montenegrinische Maler und Kapitäne um ihre Dienste gebeten. Und die europäischen Wurzeln reichen noch weiter: Griechen, Illyrer und Römer siedelten auf dem Gebiet südlich von Dubrovnik, ehe das Römische Reich sein Territorium Ende des 4. Jhs. aufteilte.

Voller Leidenschaft verteidigen die Bewohner den Vielvölkergeist

Erst in den 1960er-Jahren wurde das kleine Land mit dem kulturellen Reichtum als ***Urlaubsdestination*** entdeckt. Von da an ging es aufwärts für Montenegro, das wirtschaftlich lange das Schlusslicht der sechs jugoslawischen Teilstaaten gewesen war.

1878
Auf dem Berliner Kongress wird Montenegro als souveräner, unabhängiger Staat anerkannt

1918
Mit der Niederlage im Ersten Weltkrieg endet auch die Unabhängigkeit. Montenegro wird dem neuen Königreich der Serben, Kroaten und Slowenen eingegliedert

Zweiter Weltkrieg
1941 beginnt die Okkupation Montenegros durch italienische Truppen. Unter der Führung von Milovan Đilas schließen sich die montenegrinischen Partisanen Titos Aufstand gegen die Besatzungsmächte an. 1944 wird Montenegro befreit

Jeder, der ein Bett frei hatte, vermietete es jetzt an Touristen. Überall entstanden Hotelanlagen mit „betörendem sozialistischen Charme". Sv. Stefan, das in Stein gehauene Fischerinselchen, wurde zur exklusiven Oase für Prominente wie Sophia Loren, Claudia Schiffer oder Michael Douglas. Aber die ***Jugoslawienkriege*** in den 1990er-Jahren legten die Wirtschaft erneut lahm. Zu Kampfhandlungen im Land selbst kam es zwar nicht, doch Montenegro litt an der unsicheren politischen Lage auf dem Balkan: Das beliebte Reiseziel der Europäer war nicht mehr gefragt. Hotels und Pensionen verrotteten, neue Armut brach über das Land herein, das auf den Tourismus angewiesen war. Vor allem junge Akademiker gingen ins Ausland, um dort Arbeit zu finden.

Große Hoffnungen setzen die Montenegriner seitdem auf die ***Mitgliedschaft in der EU***. Der Staatenbund mit Serbien erschien vielen Politikern als Hindernis auf dem Weg dorthin. Milo Đukanović, von 1998 bis 2002 Staatspräsident und danach mehrfach Premierminister, tat alles, um die Abspaltung voranzutreiben: 2002 führte er den Euro als Währung ein und legte Grenzen innerhalb des Staats Serbien-Montenegro fest. Vier Jahre später war es so weit: Im Volksentscheid votierte eine knappe Mehrheit (55 Prozent) für die ***Unabhängigkeit von Serbien***.

Montenegro ist noch immer ein Ort für Träumer und Entdecker

Die Wogen haben sich auch mehr als ein Jahrzehnt nach der Abspaltung noch immer nicht geglättet. Fast 30 Prozent der Bevölkerung definieren sich heute noch als Serben. Das Gefühl, ein Serbe zu sein, ist in der Geschichte verankert, viele Montenegriner haben Serbien und das ehemalige Jugoslawien als ihre zweite Heimat empfunden. Eine tiefe Verbundenheit ist geblieben. Der proserbischen Opposition im Parlament hilft das heute wenig – Montenegro ist und bleibt ein eigenständiger Staat.

Lange Zeit hatte Montenegro mit den wirtschaftlichen Schwierigkeiten zu kämpfen, die der ***Übergang vom Sozialismus zum Kapitalismus*** mit sich brachte. Die Privatisierung der staatlichen Unternehmen schlug meist fehl, eine hohe Arbeitslosigkeit war die Folge. Seit einigen Jahren geht es langsam aufwärts, die Arbeitslosenquote

1992 Nach Beginn der Balkankriege wird die Bundesrepublik Jugoslawien ausgerufen, bestehend aus Serbien und Montenegro

2006 Montenegro tritt aus dem Staatenbund Serbien-Montenegro aus

2012 Nachdem das Land bereits 2010 EU-Beitrittskandidat geworden ist, beschließt die EU die Aufnahme von Beitrittsverhandlungen

2016 Die Nato beschließt die Aufnahme Montenegros. Voraussichtlich 2017 soll das Land das 29. Mitglied des Bündnisses werden

Hotspot für gut betuchte Adriabesucher: die Luxusmarina Porto Montenegro in Tivat

sank 2016 auf 18 Prozent, das durchschnittliche Nettogehalt stieg auf etwa 450 Euro. Die Einführung des Euros brachte viele **ausländische Investoren** ins Land, die hauptsächlich in die Hotelbranche investierten und weiterhin investieren. Vor allem an der Küste entstehen Luxusresorts, Marinas und Golfplätze. Chinesische Unternehmen bauen die erste Autobahn Montenegros. Sie soll bis 2019 die Küste mit dem bergigen Nordosten und Serbien verbinden.

Jenseits aller wirtschaftlichen und politischen Entwicklungen ist Montenegro noch immer ein Ort für Träumer und Entdecker. Mit dem Slogan „Wild Beauty" wirbt das Land um Touristen, und in der Tat finden Sie mancherorts noch immer unberührte Landschaften vor. Und: Die Gastfreundschaft der 625 000 Montenegriner ist sprichwörtlich. „Der Gast ist der König" heißt es in Montenegro, Ihre Gastgeber werden Sie mit viel **Herzlichkeit und Wärme** empfangen. Wer etwa das Glück hat, zum Familienfest *slava* vor Ort zu sein, wird selbstverständlich eingeladen. Bis zu drei Tage dauert die Feier, bei der getanzt, gesungen und viel gelacht wird. Denn, auch das ist eine liebenswerte Eigenschaft der Montenegriner, sie lachen gern, auch über sich selbst. Die Freundschaften, die vor allem in kleinen Pensionen und Hotels geschlossen werden, währen lange, viele Gäste kommen immer wieder. Die familiäre Atmosphäre ihres Urlaubsdomizils hat es ihnen angetan: ein Glas Wein auf der Veranda am Abend, dazu ein paar Feigen, Oliven und ein Stück Käse, ungezwungene Gespräche mit den Wirtsleuten – solche Erlebnisse gehören zu den schönsten Urlaubserinnerungen.

Die Gastfreundschaft der Montenegriner ist sprichwörtlich

IM TREND

1 Frisch aufgebrüht

Kaffeedurst Montenegros Jugend ist ausgerechnet nach dem typisch deutschen Filterkaffee verrückt. *Dojčkafa* („deutscher Kaffee") ist das angesagteste Getränk im Land. Vor allem in der Njegoševa-Straße in Podgorica, wo sich Bars und Clubs wie das *Kafić Berlin (Njegoševa 24 | Tel. 020 23 43 67 | short.travel/mon12)* aneinanderreihen, geht nichts mehr ohne.

2 Urig wohnen

Ökodörfer Außen rustikal, innen komfortabel sind die Häuser in den *etno-* oder *eko-selos* der Bergregionen. Traditionell aus Stein und Holz gebaut, ähneln sie den Hütten der Gegend. Mit Bad, Küche und solider Ausstattung sind sie aber viel einladender. Auf den Tisch kommt Biofood aus der Region. Im Bergdorf *Brezna (www.facebook.com/etno.selo)* bei Plužine springt man aus der Sauna direkt in den Minipool, und das auf 1000 m Höhe. Selbstversorgung aus der Natur – das geht im *Komnenovo etno selo (www.kuladamjanova.com)* in Vojno Selo bei Plav: Im See vor der Tür tummeln sich Forellen.

3 Wie die Vögel

Paragliding Alles begann in Ada Bojana. An der albanischen Grenze wehen Winde, die einheimische Outdoorfans in Begeisterungsstürme versetzten. Lange vor den Touristen pilgerten sie hierher, um sich mit dem Gleitschirm wie ein Vogel zu fühlen. Heute ist das ganze Land infiziert, von der Küste bis zu den Bergen steigen bunte Schirme in den Himmel. Das Mekka der Paraglider ist das Bergstädtchen Berane. „Unsere Flügel", *Naša Krila (Ul. Jovana Cvijića 10 | Mobiltel. 068 50 54 84 | www.nasakrila.me)* heißt der Club, der 2016 den *Paragliding Accuracy World Cup Berane* organisiert hat.

In Montenegro gibt es viel Neues zu entdecken. Das Spannendste auf diesen Seiten

Grünes Gold

4

Rund um die Olive Junge Montenegriner entdecken ihr kulturelles Erbe: Vergessene Olivenhaine werden wieder belebt, Oliven per Hand geerntet und in uralten Steinmühlen verarbeitet. Heraus kommt kalt gepresstes Öl in Topqualität. Wenn das kein Grund zum Feiern ist! Im Juli veranstalten die *maslinarke*, Olivenbäuerinnen, vom Verein *Boka (www.maslinaboka.org)* in Tivat den *Tag der Olive*. In Stari Bar, wo auch die *Olivenbauervereinigung (www.oliveoilmontenegro.me)* ihren Sitz hat, steigt im November nach der Ernte das Olivenfest *Maslinijada*. Ein kleines Juwel und eine echte Fundgrube für Olivenprodukte ist *Olive Ponte (Rr Ymer Prizreni | neben Restaurant Ponto | www.oliveponte.com)* in Ulcinj. Almir Kolari verkauft Öl, Seifen und sogar Möbel.

Kunsterwachen

5

Neue Galerien Der russische Galerist Marat Guelman mischt die Kunstszene des Landes gehörig auf. Seine *Dukley European Art Community (dukleyart.me)* gibt montenegrinischen Künstlern mit einem großen Ausstellungsangebot die Chance, sich zu präsentieren. In Kotor setzt Guelman auf die inspirierende Wirkung von Industriecharme: Mit Ateliers und Ausstellungsräumen bringt er neues Leben in die ehemalige Werft *Jugooceanija (Njegoševa bb)*. Und in Cetinje will er der montenegrinischen Starkünstlerin Marina Abramović bei der Verwandlung der Fabrik *Obod* in ein Kunstzentrum unter die Arme greifen. Nach einem vielversprechenden Start geht dem Projekt inzwischen die Luft aus. Ob Guelman es aus dem Dornröschenschlaf wecken kann?

FAKTEN, MENSCHEN & NEWS

CRNA GORA

Es waren die Venezianer, die im Mittelalter den Namen Montenegro, „Schwarzer Berg", prägten, als sie Kotor, Budva und Ulcinj eroberten. Für den slawischen Namen des Landes gibt es aber eine weitere Übersetzung, denn das Wort *gora* kann neben Berg und Gebirge auch Wald oder Holz bedeuten. Wenn am Nachmittag die tief stehende Sonne auf die Nadelwälder des Durmitorgebirges scheint, dann schimmern die Berge dunkelgrün, fast schwarz. Deshalb nennen Montenegriner ihr Land *Crna Gora*, „Schwarzer Wald".

EHRE & HELDENTUM

Čojstvo i junaštvo – Ehre und Heldentum stehen in der patriarchalischen Gesellschaft von Montenegro seit eh und je an erster Stelle. Unzählige Denkmäler erinnern an frühere Heldentaten. Als die Türken auf dem Balkan herrschten, gelang es ihnen nicht, die Bewohner des bergigen Nordens zu unterwerfen – die Sage der ungebändigten Bergfürsten war geboren. Heute noch weiß jeder Montenegriner, welchem Clan *(pleme)* und welcher Bruderschaft *(bratstvo)* er angehört. Einer der größten Clans, Kuči, lebt in Medun bei Podgorica. Ihm ist dort sogar ein Museum gewidmet.

FRAUEN

Das Bild der schönen und klugen Montenegrinerin prägten vor gut 100 Jahren vier Töchter des letzten montenegrinischen Königs Nikola. Elena und

Bild: Kloster Ostrog

Von Nationalhelden, Habsburgerherrschaft und „Mutter Russland“: In Montenegros Gegenwart spiegelt sich seine Geschichte

Zorka wurden Königinnen von Italien und Jugoslawien, Anastazia und Milica lebten am russischen Hof. Ein solch angenehmes Dasein blieb den meisten anderen Montenegrinerinnen vorenthalten. In der archaischen Männergesellschaft, in der sie lebten, hatten sie nicht viel zu lachen. Verbürgt ist, dass noch bis in die 1960er-Jahre die Frau einige Schritte hinter ihrem Mann gehen musste, um ihm Respekt zu zollen. Ihre Rolle im Alltag war auf die Betreuung der Kinder und die Arbeit in der Küche begrenzt.

Im 21. Jh. hat sich das endlich geändert. Es sind vor allem junge Montenegrinerinnen, die, gut ausgebildet und selbstbewusst, langsam die von Männern dominierte Gesellschaft verändern. Zudem sind immer häufiger erfolgreiche Frauen in Politik, Wirtschaft und Gesellschaft anzutreffen. So hat es z. B. Milica Pejanović-Đurišić nach langer Karriere in der Politik zur Verteidigungsministerin gebracht. Ljiljana Raičević gründete 1999 das Frauenhaus *(Sigurna ženska kuća)* in der Hauptstadt Podgorica und half damit

unzähligen Frauen, die vor ihren gewalttätigen Männern geflohen waren.
In den entlegenen Dörfern der Bergregion, wie Tušine bei Šavnik, findet man heute noch ein Relikt aus den Zeiten, als Männer vermeintlich mehr wert waren als Frauen: *virginas* – „das dritte Geschlecht". Das sind Frauen, die als Männer leben müssen, wenn in einer Familie keine Söhne geboren wurden. Sie heiraten nicht, führen Haus und Hof und kleiden sich wie Männer.

GESANG

Monotone Heldengesänge sind es, die am Tag des Familienschutzheiligen zum Volksinstrument *gusle* erklingen. Der Guslespieler *(guslar)* trägt nicht nur alte Stücke vor, sondern dichtet auch selbst neue Lieder. Vor allem im Norden des Landes ist diese Musik beliebt. Für die Ohren von Montenegrobesuchern ist sie allerdings eher gewöhnungsbedürftig. Ungewohnt klingen auch die Lieder der Klageweiber *(narikače)*, die bei Begräbnissen vorgetragen werden. Die herzzerreißenden Gesänge *(tužbalice)* dieser Todesbegleiterinnen wurden über Jahrhunderte hinweg überliefert und sind Teil uralter Begräbnisrituale. Die Institution der Klageweiber ist jedoch im Verschwinden begriffen. Im Nordosten Montenegros, bei Bijelo Polje und Kolašin, gibt es noch einige Bäuerinnen, die gegen eine kleine Gabe die Toten beweinen.

HABSBURGER

Die alte österreichisch-ungarische Botschaft in Cetinje ist vielleicht der deutlichste Ausdruck von mehr als 100 Jahren glanzvoller Herrschaft der Doppelmonarchie in Montenegro. Oder genauer: in Teilen Montenegros. Denn auf dem Wiener Kongress 1815 wurde dem Habsburger Reich nur das Gebiet um die Bucht von Kotor bis südlich von Budva zugestanden. Zu Beginn des 19. Jhs. hatte das österreichisch-ungarische Gebiet schon einmal kurze Zeit bis Cetinje gereicht, ehe Russen und dann Franzosen ihre Truppen schickten. Nach der Niederlage Napoleons hielt die Habsburger Herrschaft bis in den Ersten Weltkrieg hinein, weil auch auf dem Berliner Kongress 1878 der Küstenstreifen unter österreichische Oberhoheit gestellt wurde. Nicht nur architektonische Spuren haben die Habsburger in Montenegro hinterlassen: Wörter wie z. B. *Palačinka* (Pfannkuchen), *escajg* (Esszeug, Besteck) und *paradajz* (Tomate) gehören hier zum alltäglichen Sprachschatz.

IMMOBILIEN

Als im Jahr 2008 ein Gesetz ausländischen Grund- und Immobilieneigentümern erlaubte, ihren Besitz auf den eigenen Namen eintragen zu lassen, explodierten die Preise. Jeder Einheimische, der Land an der Adria besaß, hat es zu Geld gemacht. Man schätzt, dass heute 1,5 Mio. m^2 in der Hand von Ausländern sind. Direkt an den Stränden sind Edelvillen und Luxushotels entstanden und versperren den Zugang zum Meer. Zwischen Budva und Sv. Stefan wurden die schönsten Strände Montenegros in gesichtslose Hotelstraßen verwandelt. Und der Bauboom geht weiter, bis 2020 sollen weitere Luxusresorts entstehen, etwa Marina Nova bei Herceg Novi oder Luštica Bay auf der Luštica-Halbinsel.

JÜDISCHE GEMEINDE

Im Herbst 2011 wurde die erste jüdische Gemeinde Montenegros gegründet, damals mit etwa 100 Mitgliedern die kleinste der Welt. 2012 wurde das Judentum als vierte Religion im Staat offiziell anerkannt. Rund 200 Juden leben in Montenegro, sie stammen meist aus

Monumentale Ruhestätte für den Dichterfürsten: Njegoš-Mausoleum auf dem Lovćen

interreligiösen Familien, in denen nur die Mütter jüdisch waren.
Der mittelalterliche jüdische Friedhof in der Bucht von Kotor ist eines der wenigen Zeugnisse des jahrhundertealten jüdischen Lebens im Land. Die Geschichte der montenegrinischen Juden begann im 15. Jh., zur Zeit der Inquisition, als Sepharden Spanien und Portugal verlassen mussten und sich auf dem Balkan niederließen. Während der Schoah fanden 62 000 von 80 000 Juden im damaligen Königreich Jugoslawien den Tod. Die wenigen montenegrinischen Juden flohen nach Albanien, wo der Großteil von ihnen überlebte. Derzeit gibt es keine Synagoge in Montenegro, ein neues Gotteshaus soll bis 2018 in Podgorica gebaut werden. In der Zwischenzeit feiert die jüdische Gemeinde Gottesdienste und Feste in ihren Räumen in der Ulica Gavra Vukovića.

NJEGOŠ, DICHTERFÜRST

Petar II. Petrović Njegoš (1813–51) ist die vielleicht facettenreichste Persönlichkeit der montenegrinischen Geschichte. Der Bischof und Fürst, der früh an Tuberkulose starb, reformierte nicht nur das marode, in überholten Clanstrukturen verhaftete politische System des Kleinstaats und brachte das Land so näher an Europa. Er setzte auch der südslawischen Literatur mit dem „Bergkranz" *(Gorski Vjenac)* ein Denkmal, das bis zum Beginn der Balkankriege Pflichtlektüre in ganz Jugoslawien war. Thema: der heldenhafte Befreiungskampf seines Vorvorgängers Danilo I. gegen die Türken und – Kehrseite der Medaille – die Ermordung Tausender zum Islam Konvertierter. Viele aus der Volksdichtung entlehnte Verse schrieb Njegoš im „Bergkranz" zum ersten Mal auf, was die Vereinheitlichung der Schriftsprache entscheidend voranbrachte. Leseprobe: „Im Guten ist's ein Leichtes, gut zu sein/doch in der Not erkennt man erst den Helden."
Seine letzte Ruhestätte fand Njegoš in einem überdimensionierten Mausoleum auf dem Lovćen, dem von der Küste wie vom Hochland gleichermaßen sichtbaren „Olymp" Montenegros.

Noch ist das Durmitorgebirge eine vom Menschen kaum berührte Wildnis

ÖKOSTAAT

1991 wurde der „ökologische Staat Montenegro" ausgerufen, heute existiert er nur noch auf dem Papier. Zu diesem Ergebnis kommt die NGO Green Home *(www.greenhome.co.me)*, die sich mit Umweltfragen beschäftigt. Das Desinteresse der staatlichen Institutionen, die für den Umweltschutz verantwortlich sind, sei das größte Problem. Die Naturressourcen werden rücksichtslos vernichtet, fruchtbarer Boden wird in Bauland verwandelt. Der Bau eines Wasserwerks an der Tara konnte nur durch Menschenketten verhindert werden, die tagelang ausharrten.

Vor allem an der Küste wird die Gleichgültigkeit der Regierung erkennbar: Der enorme Wasserverbrauch in den Hotelburgen führt jeden Sommer zu Wassermangel, der tägliche Stau an der Küstenstraße ist manchmal kilometerlang. Zwar arbeitet man mit aller Kraft daran, diese Probleme zu lösen. Straßen werden gebaut, die Wasserversorgung wird verbessert. Doch auch dabei bleibt der Umweltschutz auf der Strecke. Die Bebauung der Halbinsel Luštica ist in vollem Gange, am Skutarisee soll 2017 die Marina Porto Skadar Lake fertiggestellt werden. Auch die majestätischen Bergzüge Durmitor und Bjelasica sollen erschlossen werden. Die Naturschutzorganisationen Montenegros kämpfen gegen diesen Bauwahn, allerdings ohne Erfolg.

REGEN

An Regen denkt man kaum, wenn die Küstenregion von März bis Oktober im Sonnenschein badet. Doch im Frühjahr und Spätherbst schummeln sich immer wieder nasse Tage dazwischen. Allerdings ist der montenegrinische Regen etwas Besonderes: Er dauert nur kurz und ist dafür umso heftiger. Sobald es losgeht, schießen Bäche aus den Bergen ins Meer, es wird dunkel, die weißen Wellen schlagen hoch, es rauscht und donnert, dicke schwere Tropfen prasseln auf die Erde. Doch nach höchstens fünf

Minuten ist alles vorbei. Pflanzen und Bäume duften betörend, die Luft ist kristallklar, die Sonne kommt zurück – wiederum für nur fünf Minuten, denn dann geht es von vorne los. Besonders heftig ist das Spektakel im bergigen Norden.

RUSSEN

Seit Langem lieben die Montenegriner *Majka Rusija*, „Mutter Russland". Die Begeisterung ist historisch bedingt. Schon in den Türkenkriegen des 19. Jhs. kämpften die Soldaten des russischen Zaren an der Seite der Einheimischen. Stalin wurde von den montenegrinischen Kommunisten verehrt, selbst nachdem Tito mit der UdSSR gebrochen hatte. Heute wird die Liebe mit großer Leidenschaft erwidert: Die Russen haben Montenegro zu ihrer zweiten Heimat erkoren. Überall im Land gibt es russische Makler, die Wohnanlagen für ihre Landsleute verkaufen. Allein in Budva leben mehr als 10 000 Russen. Sie hören lokales russisches Radio, ihre Enkelkinder besuchen russische Schulen. Russische Investoren stecken Geld in die montenegrinische Wirtschaft, und noch 2013 kamen mehr als 300 000 russische Touristen nach Montenegro – in einem Land, das selbst nur 625 000 Einwohner zählt, eine imposante Zahl. Seit 2014 lässt der Besucherstrom allerdings nach. Wegen der Abwertung des Rubels nach der Ukrainekrise müssen die Russen sparen.

SCHUTZHEILIGE

Jede orthodoxe Familie hat einen Schutzpatron und richtet einmal im Jahr zu seinem Namenstag ein großes Fest aus, das mehrere Tage dauert. *Slava* ist seit Urzeiten das wichtigste Familienfest, seine Ursprünge hat es in der vorchristlichen slawischen Religion. Tagelang bereitet man rituelle Speisen vor, putzt Haus und Hof, bis am Festtag der Pope kommt und alles segnet. Dann wird ausgiebig gefeiert, gelacht, getanzt und gesungen. Auch Klöster haben ihre Schutzheiligen. Das Kloster Ostrog z. B. ehrt am 12. Mai den hl. Vasilije.

SPRACHE

Nach der Gründung des neuen Staats wurde per Verfassung Montenegrinisch als Landessprache eingeführt. Bis dahin war Serbisch Amtssprache gewesen. Tatsächlich gibt es zwischen beiden nur winzige Unterschiede. So heißt etwa Fluss im Montenegrinischen *rijeka* statt Serbisch *reka*, Welt *svijet* statt *svet* und morgen *sjutra* statt *sutra*. Die Ausdrücke *dobar dan*, guten Tag, und *hvala*, danke, sind gleich.

Die Frage aber, wer welche Sprache spricht, spaltet das Land und ist zum Politikum geworden. Laut der Volkszählung 2011 verständigen sich 36 Prozent der Einheimischen auf Montenegrinisch, aber 42 Prozent auf Serbisch. Die letztere Gruppe verlangt deshalb mehr Rechte für ihre Sprache, etwa Schulunterricht auf Serbisch in Gebieten, wo es die Mehrheit der Schüler spricht. Das ist im Norden des Landes der Fall. Es geht dabei nicht nur um die Sprache selbst. Seit Jahrhunderten bezeichnen und fühlen sich viele Montenegriner als Serben. Heute noch leben in der serbischen Hauptstadt Belgrad, der „zweitgrößten montenegrinischen Stadt", etwa 100 000 Montenegriner. Im neu gegründeten Staat aber sollte alles „Montenegrinische" hervorgehoben und gestärkt werden – so auch die Sprache als Teil der nationalen Identität. Der seit Jahren andauernde Streit ist noch immer nicht beigelegt.

Die Albaner im Land – sie machen 5 Prozent der Bevölkerung aus – haben es leichter: Im Süden und Nordosten, wo auch Albanisch gesprochen wird, ist die Zweisprachigkeit gesetzlich festgelegt.

ESSEN & TRINKEN

So klein das Land, so groß die kulinarische Vielfalt! Die kommt vor allem aus der reichen Natur Montenegros. Auf Bergen und in Tälern weiden glückliche Kühe. Fern der großen Straßen wachsen Pilze und Wildkräuter, wie Minze oder Thymian. Es gibt Olivenhaine und Feigenbaumalleen, und aus den Gärten kommt gutes Sommergemüse.

Seit einigen Jahren macht sich auch der Trend zu ***nachhaltiger Esskultur*** in Montenegro bemerkbar. Offiziell zertifizierte Biobauern gibt es zwar kaum. Doch in den Bergen gedeiht ohnehin alles auf natürliche Weise, und in der Küstenregion wachsen seit Jahrhunderten Oliven- und Feigenbäume. Die Landwirte können ihre ***lokal erzeugten Produkte*** – Honig, Käse, Schinken, Marmeladen und Olivenöl, Obst und Gemüse – aber nur auf Märkten oder Messen verkaufen, da große Supermärkte keine Abteilungen dafür haben. Bieten Restaurants Schinken und Käse aus der Region, können Sie davon ausgehen, dass sie tatsächlich von den Bauern aus den Bergen kommen.

Fast alle Restaurants an der Küste, aber auch viele Kneipen servieren Ihnen ***Meeresfische*** – gegrillt *(na žaru)*, gekocht *(lešo)* oder als Eintopf *(brodeto)*. Auch Muscheln in Weißwein *(mušule buzara)* oder gefüllten Tintenfisch *(punjeni lignji)* können Sie hier genießen. Im Mittelalter hinterließen die Venezianer nicht nur architektonische Spuren in Montenegro, auch ihre Kochkünste brachten sie mit. So sind die Einflüsse der feinen ***italienischen Küche*** in der Küstenregion

Bild: Wilde Beeren aus der Gegend bei Žabljak

Aus der Natur auf den Teller: Meer, Seen und Flüsse, Felder, Wiesen und Weiden liefern die Zutaten für Montenegros reichhaltige Küche

noch heute in Pasta und Fischrezepten zu finden. Nudelgerichte und Pizza gibt es, als Fastfood, aber auch hoch im Norden. Zwischen Küste und Bergen liegt die zweite, stark vom ***Fischreichtum des Skutarisees*** geprägte kulinarische Region Montenegros: Aale, Karpfen und Ukeleie kommen hier auf den Tisch, sie werden gegrillt, getrocknet, gekocht, geräuchert oder in der Pfanne gebraten. Einige dieser Fischspezialitäten können Sie auch in den Gaststätten der Hauptstadt Podgorica genießen.

Von Karpfen und Forellen *(pastrmka)* vielleicht abgesehen, endet in Podgorica die Hoheit der Fische in Pfanne und Kochtopf. ***Fleisch*** überwiegt – dementsprechend deftig gestaltet sich die Küche in den höheren Gefilden um Kolašin, Žabljak und Nikšić. Was Weiden und Höfe hergeben, kommt hier auf den Teller – ***hochwertige natürliche Zutaten***, bei denen nicht nur Biofreunde voll auf ihre Kosten kommen. Unbedingt probieren sollten Sie einmal Lammfleisch, das unter dem mit Glut bedeckten Glockendeckel *sač* gegart wird.

SPEZIALITÄTEN

balšića tava – mit einer Sauce aus Eiern, Milch und Sahne überbackene Kalbfleischstreifen
bokeljski brodet – Fischeintopf: Sprotten, Sardellen oder ähnlicher Fisch wird in einem Sud aus Zwiebeln, Weißwein, Olivenöl, Petersilie und Knoblauch gegart
crni rižot – schwarzes Risotto, das seine ungewöhnliche Farbe durch Tintenfischtinte erhält
imam bajeldi – gebratene Auberginenstücke mit Tomaten-Knoblauch-Zwiebel-Mischung
jagnjetina u mlijeku – Lammfleisch in Milch gekocht und überbacken
kačamak – käsige montenegrinische Polenta, die wie ihr italienisches Pendant aus Maismehl hergestellt wird
kajmak – geschichteter Käse aus frischem, leicht gesäuertem Rahm (Foto li.)
krap u tavu – Karpfen aus der Pfanne, serviert mit Dörrpflaumen, Äpfeln und Quitten
Krstač – vollmundiger, trockener Weißwein
Nikšićko pivo – *das* Bier des Landes
njeguška šnicla – paniertes, mit *kajmak*, Schinken und Schafskäse gefülltes Schweineschnitzel
pastrmka u kiselom mlijeku – Forelle in Joghurt, wird kalt gegessen
paštrovski makaruli – aus Vollkornweizenmehl hergestellte Nudeln, die mit Olivenöl und in Salzlake aufbewahrtem Käse serviert werden
priganice – Weizenmehlspeise, in Öl frittiert und mit Honig serviert
riblja juha – Fischsuppe (Foto re.)
sir u ulju – Schafskäse, der in Öl eingelegt wurde
Vranac Pro Corde – bester Rotwein, stärkt das Herz

Am besten genießen Sie es in einer der traditionellen, runden Holzhütten *(savardak)*. Der ***njeguški pršut*** (lufgetrockneter Schinken) und der Käse ***njeguški sir***, der an Ricotta erinnert, stammen aus dem Dorf Njeguši, das zwischen Cetinje und Kotor liegt. In kleinen, familienbetriebenen *konobas* (Tavernen) werden diese Köstlichkeiten entlang der Straße angeboten. Dazu bekommen Sie eine dicke Scheibe Brot, das jede Familie nach eigenem Rezept im Holzofen backt, und ein Glas *medovina* (altslawisches Honiggetränk) und genießen den einmaligen Blick auf das Lovćengebirge. Eine Köstlichkeit ist auch der **Ziegenquark** *mladi kozji sir*. Der beste kommt aus der Gegend von Kolašin im Nordosten.

Brot gehört in Montenegro zu jeder Mahlzeit dazu. Typisch ist das *narodni hleb*: Das staatlich subventionierte „Volksbrot" muss jede Bäckerei vorrätig haben. Ein Laib kostet etwa 0,50 Euro. Der Geschmack des Weißbrots lässt allerdings zu wünschen übrig, es ist etwas fad. Köstlich dagegen sind die typischen **Teigtaschen** *(pita)*: Jufkablätter, die mit Käse *(sirnica)*, Spinat *(zeljanica)* oder Fleisch *(burek)* gefüllt sind und mit einem Glas Joghurt gegessen werden. Fastfood des Balkans sind **ćevapčići**, würzige Fleischstäbchen, die mit Pommes und rohen Zwiebeln serviert werden, sowie **pljeskavica** (Hamburger). Beides können Sie in jedem Ort sogar am Kiosk kaufen.

An heißen Sommertagen reicht manchmal schon ein **Salat**: In *šopska salata* gehören Tomaten, Gurken, Zwiebeln, Paprika und ein Häubchen aus Schafskäse. Auch *kupus salata* ist eine Delikatesse: Zum geraspelten Weißkohl werden schwarze Oliven in einer leichten Vinaigrette mit Olivenöl serviert.

Süßmäuler haben es in Montenegro schwer. Es gibt weder nachmittägliche Runden mit Kaffee und Kuchen, noch Konditoreien, wie man sie in Westeuropa kennt. Einen Ausweg bietet jedes bessere Restaurant, wo auf der Speisekarte das steht, was in früheren Zeiten die Österreicher nach Montenegro brachten: **Palatschinke** *(palačinke)*. Diese Pfannkuchen werden klassisch mit Nüssen oder mit Marmelade gefüllt. In der moderneren Variante besteht die Füllung aus Nutella, das hier *eurokrem* heißt. Mit etwas Glück finden Sie auf der Karte auch einen Apfelstrudel *(štrudla od jabuka)* oder Pflaumenkuchen *(pita od šljiva)*. Obwohl in Montenegro viele Früchte wachsen, steht Obstsalat *(voćna salata)* selten auf der Karte. Häufiger ist *sladoled*, Eiscreme. Wer sich an orientalische **baklawa** (Blätterteig mit Nüssen und Rosinen gefüllt) wagt, sollte das dazu servierte Glas Wasser nicht verschmähen: Es hilft, das süße Gebäck herunterzuschlucken. Viel zu süß für westeuropäische Zungen sind die

Schafskäse und Schinken aus Njeguši – *prijatno!*

verschiedenen Konfitüren und Marmeladen, die auf den Märkten und in Supermärkten verkauft werden. Dennoch: Die **Feigenkonfitüre** *(marmelada od smokve)* ist eine leckere Spezialität.

Wer mag, sollte auch die typischen **Schnäpse** des Landes kosten. Während man im Norden den Pflaumenschnaps *šljivovica* genießt, ist an der Küste der *loza* genannte montenegrinische Grappa (Alkoholgehalt ab 45 Prozent) beliebt. Beide werden in ganz Montenegro angeboten und oft zum Mokka oder Espresso getrunken. Na dann: einen guten Appetit *(prijatno)* und Prost *(živjeli)*!

EINKAUFEN

Ein besonderes Einkaufserlebnis ist ein Besuch auf einem der Märkte Montenegros, die täglich und meist von morgens bis zum frühen Nachmittag stattfinden. Die Bauernmärkte in den Städten sind eine wahre Freude für Nase und Augen: Die ganze duftende, farbenfrohe Pracht der einheimischen Lebensmittel liegt auf Holztischen ausgebreitet. Besonders sehenswert ist der Bauernmarkt in Bar an der Adria.

Außerdem hat jeder Ort einen Markt, auf dem allerlei andere Produkte verkauft werden. Manchmal ist er dem Bauernmarkt angegliedert, meist ist er bunt, laut und vor allem preiswert. Einmal sollte jeder Montenegrobesucher dieses Schauspiel erleben. Einer der schönsten ist der INSIDER TIPP *Markt in Tuzi*, einem kleinen Ort zwischen Podgorica und der albanischen Grenze. Wenn Sie in der Gegend sind, ist ein Shoppingbummel hier ein Muss. Zum Angebot der Märkte gehören z. B. günstige Kleidung (Vorsicht: auch Fälschungen von Designermarken!), Hüte aus Stoff und Leder, mit Muscheln beklebte Broschen oder Bierkrüge aus Holz.

Ein Kuriosum der Einkaufswelt hat Montenegros sozialistische Zeiten überlebt: In Schuhläden, Supermärkten, Kneipen und Hotels liegt das *knjiga utisaka*, das „Buch der Eindrücke" aus. In dem Heft sollen Kunden ihr Einkaufserlebnis bewerten. Positive Kritik wird gern gelesen.

IKONEN

Die orthodoxen Heiligenbilder als Andenken bekommen Sie nicht nur auf den Märkten, sondern auch in den klösterlichen Souvenirshops. Sie kosten nicht viel, sind auch nicht viel wert, sehen aber bunt und hübsch aus. Wenn „richtig alte" Ikonen angeboten werden, ist Vorsicht geboten: Sie sind teuer und meistens gefälscht.

KUNSTHANDWERK

An langen Winterabenden wird in den Bergen des Nordens geschnitzt, gestrickt und gehäkelt. Die Bergdörfer waren früher von Dezember bis März eingeschneit, die traditionellen Handarbeiten ließen die Zeit schneller vergehen und versorgten die ganze Sippe mit nützlichen Dingen. Heute lebt man auch in Montenegro in Kleinfamilien, doch in Handarbeit wird noch immer produziert – für die Touristen. Die kleinen Kunstwerke werden direkt vor dem Haus verkauft: Große,

Shopping auf Montenegrinisch: Die Märkte bieten Hausgemachtes, Obst und Gemüse aus der Region, Kunsthandwerk und Kitsch

mit Blumenmotiven geschmückte Schalen oder einfache Bretter und Besteck in allen Größen warten auf Käufer. Auch auf den Märkten und in Souvenirläden werden Holzarbeiten angeboten. Aber Achtung: Wenn sie aus Teakholz sind, sollten Sie sie besser liegen lassen! Das sind billige Importe.

Die Pullis aus Schafswolle sind nicht unbedingt Haute Couture, doch sie sind warm und kuschelig – und manchmal etwas kratzig. Das liegt allerdings nur daran, dass die Wolle nicht mit Chemikalien imprägniert wird. Handgestickte Blusen und Kleider oder gehäkelte Tischdecken werden immer seltener, auch hier hat die Billigkonkurrenz aus Asien Montenegro erreicht.

MODE

Die Auswahl an Modegeschäften ist groß in Montenegro: Im mondänen Porto Montenegro in Tivat warten edle Boutiquen aus Glas und Marmor mit Nobelmarken wie Prada oder Jil Sander und mit italienischen Schuhen auf. Auf den Märkten dagegen bekommen Sie luftige Baumwollkleider für gerade 10 Euro. Einheimische Designerkleidung gibt es z. B. in den Modegeschäften der Altstädte von Budva, Kotor, Herceg Novi und Podgorica. Lange Kleider, weite Ärmel – viele der Stücke sind von traditionellen Trachten inspiriert und basieren auf alten Schnitten. Auch Verzierungen, oft mit Silber- oder Goldfäden, kommen zum Einsatz.

SILBERSCHMUCK

Wer sich für filigrane Arbeiten der lokalen Silberschmiede interessiert, findet eine Menge günstige Silberketten, Ringe und Armbänder in Ulcinj, an der albanischen Grenze. Die albanischen Silberschmiede sind für ihre Kunst bekannt. Ansässig sind die Geschäfte vor allem in der *Ulica zlatara*, der irreführend benannten „Straße der Goldschmiede".

DIE BUCHT VON KOTOR

Von wo Sie auch kommen mögen: Die Bucht von Kotor *(Boka Kotorska)* mit ihren vier tief in das Festland eingeschnittenen Becken bietet schon beim ersten Anblick ein unvergessliches Panorama.

Ob kurz vor der Landung auf dem Flughafen von Tivat oder auf der atemberaubenden Serpentinenabfahrt vom montenegrinischen Olymp, dem Lovćen, nach Kotor: Nirgendwo anders in Montenegro treffen steile Felswände und die grün glitzernde Adria so unmittelbar aufeinander wie hier. Harmonisch eingebettet in das Naturschauspiel sind die menschengemachten Meisterwerke: Von oben glänzen die kleinen Kircheninseln vor Perast, Sv. Đorđe und Gospa od Škrpjela (Frau vom Felsen), im Wasser wie Kieselsteine in einer Pfütze.

Über Jahrhunderte hinweg bot die 28 km ins Inland hineinreichende Boka Kotorska – die Montenegriner nennen sie einfach nur Boka – Seefahrern Zuflucht vor der offenen Adria. Eine Geschichte der Eigenständigkeit, auf die die Bewohner der Gegend, die *bokelji*, stolz sind. Die venezianische Republik Sankt Marko machte sich die Segelkunst der Flotte von Kotor zunutze und ließ sie unter ihrer Flagge gegen die türkischen Eroberer kämpfen. Zar Peter der Große heuerte die berühmtesten Seeleute der Gegend an, um die Fertigkeiten seiner eigenen Kapitäne auf Vordermann zu bringen.

Eingerahmt vom Orjengebirge im Westen und dem Lovćen im Osten, lockte die Boka Herrscherfamilien und Seeleute seit Frühzeiten an. Zur Ruhe kamen die

 Bild: Kirche Gospa od Škrpjela

Alte Häfen und „Perlen der Natur“: Im einzigen Fjord Südeuropas rahmen raue Berge das Erbe stolzer Seefahrer ein

bokelji deshalb nie: So fiel die Bucht bei der Teilung des Römischen Reichs 395 n. Chr. an Westrom, während die übrige montenegrinische Küste an Byzanz ging. Die Boka war lange Schnittstelle zwischen Ost und West, zwischen Venedig und Konstantinopel, Wien, Paris und Moskau, und all die fremden Mächte haben den kosmopolitischen Geist der Gegend um ganz eigene Facetten bereichert. Die prägendsten Spuren haben die Venezianer hinterlassen, auch sprachlich und kulinarisch. Cappuccino und Risotto werden Sie hier öfter serviert bekommen als *ćevapčići* und *pite*.

Vorbei an Palmen, kleinen Stränden und alten Steinhäusern führt die Uferstraße 70 km lang von Herceg Novi bis Tivat, neben Kotor die beiden größten Städte an der Bucht. An der Meerenge Verige, zwischen Kamenari und Lepetane, verkehrt das ganze Jahr über eine Fähre, sodass man schnell von der mit einem einzigartigen architektonischen Ensemble versehenen Altstadt von Kotor in die Blumenstadt Herceg Novi kommt.

1809 besuchte der englische Dichter Lord Byron die Bucht von Kotor und notierte: „Als unser Planet entstand, muss sich die schönste Begegnung zwischen Meer und Land an der montenegrinischen Küste zugetragen haben. Und als die Perlen der Natur verteilt wurden, wurden sie mit vollen Händen in dieses Gebiet gestreut." Seine Worte gelten auch heute noch.

Wer Herceg Novis 100 000 Stufen abgelaufen hat, ruht sich in einem der Altstadtcafés aus

HERCEG NOVI

KARTE IM HINTEREN UMSCHLAG

(126 C5) *(H5)* **die Stadt des ewigen Grüns, der Sonne und der Promenaden – so nannte einst der jugoslawische Literaturnobelpreisträger Ivo Andrić ★ Herceg Novi (14 000 Ew.).**

Wenn im hohen Norden Montenegros noch eisige Temperaturen herrschen, sprießen in der 1382 vom bosnischen König Tvrtko I. gegründeten, später nach Herzog *(Herceg)* Stijepan Vukšić benannten Hafenstadt bereits die ersten Blumen. Mit Wein und frischem Fisch wird das jedes Jahr Ende Januar/Anfang Februar zelebriert: Tausende finden sich an der Uferpromenade *(obala)* zum Mimosenfest ein. Die berühmten Seefahrer der Stadt brachten von ihren Reisen exotische Pflanzen mit; gepaart mit der Mittelmeerflora entsteht so jedes Frühjahr aufs Neue eine herrliche Blütenpracht. Der architektonische Stilmix von orientalisch bis barock verleiht dem an einer steilen Böschung gelegenen, mit langen Treppen versehenen Herceg Novi einen Hauch von Eleganz, der beständig Besucher anzieht.

Vom Kurort Igalo bis nach Meljine erstreckt sich die 7 km lange Promenade Šetalište Pet Danica mit ihren Cafés, Restaurants und Molen. Sehen und gesehen werden heißt es hier – mit verspiegelten

Sonnenbrillen, den neuesten Smartphones und schicken Designerklamotten. Die Obala bildet das Zentrum der Riviera von Herceg Novi, die von Njivice bis Kamenari reicht. Im Rücken thront der Hausberg Orjen (1893 m), die Sonne geht über der Halbinsel Prevlaka und der von den österreichischen Herrschern gebauten Festungsinsel Mamula unter. Das Panorama ist von der Obala besonders schön zu sehen.

Die „Stadt der 100 000 Stufen" ist nach den Balkankriegen wieder der bevorzugte Urlaubsort der Belgrader Künstlerelite. Sie schätzen Herceg Novi vor allem wegen des reichhaltigen Kulturangebots. Im Februar öffnet der Wintersalon in der Galerie Josip Bepo Benković seine Türen. Bühnenkünstler aus der Region treffen sich im April zum Theaterfestival, und im Juni beginnt der Herceg-Novi-Kultursommer *(www.hercegfest.co.me)*. Der Höhepunkt der Veranstaltungsreihe findet mit den INSIDER TIPP Tagen der klassischen Musik im Juli statt. Im August folgt das Montenegro Filmfestival.

SEHENSWERTES

GALERIE JOSIP BEPO BENKOVIĆ

In einer der ältesten Galerien des Landes ist moderne Kunst von jungen Talenten aus Serbien und Montenegro zu sehen. Beim Wintersalon, der seit 1966 im Februar in der Kunstsammlung stattfindet, werden neue Arbeiten vorgestellt und prämiert. *Mai–Sept. tgl. 9–23, Okt.–April 9–17 Uhr | Marka Vojnovića 4 | short.travel/mon7 | Eintritt frei*

KANLI KULA

Die in der türkischen Zeit entstandene Festung am oberen Ende der Altstadt diente lange als Verteidigungsanlage und Gefängnis. Mit mehr als 1000 Sitzen ist sie heute eine der schönsten Freiluftbühnen an der Adria. *Eintritt frei an veranstaltungsfreien Tagen*

STARI GRAD (ALTSTADT)

Vom *Nikole-Đurković-Platz,* dem umtriebigen Treffpunkt mit Cafés und Geschäften im Zentrum von Herceg Novi, führt

MARCO POLO HIGHLIGHTS

★ Herceg Novi
In der hübschen Blumenstadt am Eingang der Bucht von Kotor beginnt jedes Jahr der montenegrinische Frühling → S. 34

★ Stari grad (Altstadt) in Kotor
Hinter den dicken Stadtmauern von Kotor erzählen Architekturdenkmäler von Jahrhunderten faszinierender Geschichte → S. 41

★ Gospa od Škrpjela
Auf Schiffswracks und Steinen erbaut, thront vor Perast die Kirche Frau vom Felsen, ihr Inneres schmückt barocke Pracht → S. 43

★ Perast
Das verträumte Städtchen versetzt Besucher in längst vergangene Zeiten, als glorreiche Kapitäne von hier aus in See stachen → S. 44

★ Porto Montenegro
Wo einst Kriegsschiffe lagen, dümpeln heute riesige Yachten: Der Hafen von Tivat hat sich vom Militärstützpunkt zur Luxusmarina gemausert → S. 45

★ Luštica
Unberührte Buchten, Olivenhaine und verlassene Dörfer – die Halbinsel ist ein stilles Paradies → S. 47

eine Treppe durch das Wahrzeichen der Stadt, den 1667 von Sultan Mahmud in Auftrag gegebenen *Uhrturm (Sahat kula)*. Direkt dahinter, auf dem sehr hübschen, von Palmen umsäumten *Herceg-Stjepan-Platz,* steht die 1883 begonnene, erst 1911 fertiggestellte orthodoxe *Erzengel-Michael-Kirche (Sv. Arhanđela Mihaila)* mit romanisch-gotischen und orientalischen Bauelementen. Die Nordfront des Platzes wird gebildet vom *Stadtarchiv*, an der Südseite befindet sich die 30 000 Bände umfassende *Bibliothek*.

Lassen Sie sich durch die kleinen Gassen der Altstadt abwärts leiten, und Sie landen direkt am Eingang von *Forte Mare,* dem zwischen dem 14. und 17. Jh. entstandenen Wehrturm am Westende der Stadtmauer. Im Sommer werden hier Kinofilme auf einer Großleinwand gezeigt.

TVRĐAVA ŠPANJOLA (SPANISCHE FESTUNG)

Die 1538 von den Spaniern begonnene, später von den Türken fertiggestellte Festung erhebt sich über die Stadt und bietet Besuchern einen herrlichen Ausblick auf die Bucht und die Halbinsel Prevlaka. *Eintritt frei*

ZAVIČAJNI MUZEJ

Im Regionalmuseum sind auf zwei Etagen archäologische Funde aus der Frühzeit von Herceg Novi ausgestellt, als Illyrer, Griechen und Römer in dieser Region siedelten. *Di–So 9–20 Uhr | Mirka Komnenovića 9 | short.travel/mon8 | Eintritt 3 Euro*

ESSEN & TRINKEN

Entlang der *Šetalište Pet Danica* finden Sie viele Pizzerien und Lokale mit gegrilltem Fleisch und Fisch. Aber auch die meisten Strände der Stadt verwandeln sich am Abend in Bars, Kneipen und Diskotheken. Infos gibt es unter *www.hercegnovi.travel.*

GRADSKA KAFANA – RESTORAN TERASA DI PALMA

Die *gradska kafana,* das Stadtcafé, ist der Ort, an dem sich die Einheimischen gerne ihre Zeit bei einem Espresso oder einer üppigen Mahlzeit vertreiben. Zu den Gästen gesellen sich auch immer mehr Touristen. Die Küche ist international, der Blick von den drei Terrassen auf Bucht und Altstadt unvergesslich. *Njegoševa 31 | Tel. 031 32 40 67 | short.travel/mon10 | €€*

RAFFAELO & KONOBA KRUŠO

Eines der besten Restaurants der Stadt. Die Wellen umspülen beinah den Eingang, so nah liegt das Raffaelo am Meer. Probieren Sie *crni rižot,* das schwarze Tintenfischrisotto. *Šetalište Pet Danica | Tel. 031 32 32 38 | www.konobakruso.me | €€*

SPORT CAFÉ

Auf einem Dutzend Fernsehern laufen Sportereignisse aus aller Welt, Basketballkörbe und Poster jugoslawischer Sportstars schmücken die Wände. Die Fleischgerichte firmieren hier sportlich als „Champions League", Fisch läuft unter „Seastars", Desserts unter „Extra Time". *Šetalište Pet Danica 34 | Tel. 031 32 20 18 | €*

EINKAUFEN

INSIDER TIPP **SO**

Der Name der Buchhandlung, „Salz", erinnert daran, dass Herceg Novi im Zuge des Salzhandels gegründet wurde. Sie liegt am ehemaligen Salzplatz, wo das weiße Gold verkauft wurde. Es gibt eine große Auswahl an Büchern in unterschiedlichen Sprachen, die Mitarbeiter sprechen Englisch. In einer der Bars

Das ist Urlaub in Montenegro: Strand und Meer vor historischer Kulisse – wie in Herceg Novi

am Platz können Sie bei einem Kaffee gleich in den neu erworbenen Büchern schmökern. *Trg Nikole Đurkovića 3 | www.knjizaraso.com*

FREIZEIT & SPORT

INSIDER TIPP BARKARIOLI

Abgeleitet vom italienischen Wort *barca* (Boot), haben sich unter diesem Namen die Anbieter von Schiffsfahrten für Touristen in Herceg Novi zusammengeschlossen. Mit ihren 25 Booten bringen sie Passagiere zu fairen Preisen zu den Stränden und Städten in der Bucht von Kotor. Es steht rund um die Uhr immer eine *barca* zur Verfügung. Das Büro der Barkarioli liegt unterhalb der Altstadt am Hafen. *Topla 3 | Mobiltel. 067 555336 | www.barkarioli.com*

GORBIS TRAVEL

Neben privater Zimmervermittlung kümmert sich das Reisebüro um Bootstouren in der Bucht von Kotor und organisiert Tagesausflüge zum Kloster Ostrog in der Nähe von Nikšić sowie nach Dubrovnik und zum Skutarisee. *Njegoševa 66 | Tel. 031 32 44 23 | www.gorbis.com*

TENISKI CENTAR SBS

Im Frühjahr und Herbst Schauplatz zweier Grand-Prix-Turniere. Platzmiete 7 Euro pro Stunde, bei Flutlicht 10 Euro. Wer Unterricht nehmen will, zahlt 15 Euro pro Stunde für den Trainer, bei Flutlicht 18 Euro. *Šetalište Pet Danica 8a | Tel. 031 32 40 40*

STRÄNDE

Die schönsten Strände von Herceg Novi, *Žanjice, Mirište, Dobreč* und *Arza,* liegen auf der anderen Seite der Bucht, auf der Halbinsel Luštica, und sind in zehn Minuten mit dem Boot erreichbar. Die großen Hotels haben private betonierte Strände, INSIDER TIPP ein schöner Sandstrand *(Blatna plaža)* liegt am Westende der Fußgängerpromenade, unterhalb des Instituts Igalo. Vom Hafen setzen Boote nach *Njivice* über, dort steht der FKK-Strand des Hotels Riviera auch Tagesbesuchern offen. Wer abseits der Stadt baden will, fährt die kleine Küstenstraße Richtung Bijela entlang: In *Zelenika, Kumbor, Đenovići* und *Barošići* gibt es Strände, die weniger überlaufen sind als jene in der Stadt. Wie für alle Strände in der Bucht von Kotor gilt: Weil das Wasser kaum Zufluss vom Meer bekommt, ist es manchmal etwas abgestanden.

AM ABEND

Unzählige Bars, Cafés, Kneipen und Restaurants schmücken die kilometerlange Uferpromenade. Wenn die Tageshitze nachlässt, tummelt sich Jung und Alt am Meer, bis zum frühen Morgen wird hier gefeiert: im *Bolivar* (einheimische Bands), *Casa* (House und Techno), *Baron* (drei Bühnen), *Nautica* (Jazz) und *Copas* (mit Sonnenliegen direkt am Stand).

ÜBERNACHTEN

Herceg Novi gehört zu den teuren Orten, es gibt aber auch günstigere Hotels, Apartments und Privatzimmer in der Stadt, in denen Sie zwischen 10 und 20 Euro zahlen. Gebaut wird noch immer, in der Vor- und Nachsaison kann es deshalb in der Nachbarschaft Ihrer Unterkunft laut werden.

Bezaubernde Dörfer und einige der schönsten Strände in der Bucht von Kotor: Luštica-Halbinsel

INSIDER TIPP AURORA

Der Regisseur Emir Kusturica hat das ehrwürdige Hotel Aurora, das sich direkt an der Promenade befindet, gekauft und geschmackvoll ausgebaut. Im Erdgeschoss besitzt das Haus einen ● Kinosaal erster Güte, in dem Filmklassiker in Originalfassung gezeigt werden. *10 Zi. | Šetalište Pet Danica 42 | Mobiltel. 067 55 23 19 | aurorahotel.me | €€*

PERLA

Hier übernachten Sie direkt am Meer, an der Promenade von Herceg Novi. Ein Restaurant und ein privater Hotelstrand gehören zum Haus. *41 Zi. | Šetalište Pet Danica 98 | Tel. 031 34 57 00 | www.perla.me | €–€€*

VILA ALEKSANDAR

Das sympathische Hotel ist mit einer großzügigen Terrasse ausgestattet, und ein Kiesstrand befindet sich direkt unterhalb des Gebäudes. *16 Zi. | Save Kovačevića 64 | Tel. 031 34 58 06 | www.hotelvilaaleksandar.com | €€–€€€*

AUSKUNFT

Jova Dabovića 12 | Tel. 031 35 08 20 | www.hercegnovi.travel

ZIELE IN DER UMGEBUNG

BIJELA (127 D5) *(🕮 J5)*

Gleich hinter Herceg Novi reihen sich mehrere kleine Orte aneinander, die direkt am Meer liegen: *Meljine, Zelenika, Kumbor, Đenovići, Bološići, Bijela.* Für Tauchfreunde und Sportler bietet sich die 14 km von Herceg Novi entfernte Gemeinde (4000 Ew.) mit Werft als Standort für den Boka-Urlaub an. Im Hotel *Delfin (112 Zi. | Tel. 031 68 34 00 | www.hoteldelfin.me | €€–€€€)* gibt es Krafträume, Box-, Judo- und Tennishalle, direkt davor Fußball- und Basketballplätze. Das *Regional Center for Divers Training (Tel. 031 68 34 77 | www.rcud.me)* hat Tauchkurse für Anfänger und Fortgeschrittene im Angebot. Am Südende von Bijela wartet die *Villa Azzurro (Tel. 031 67 16 06 | €€–€€€)* mit 14 Zimmern und einem eigenen Strand auf Gäste. In *Morinj*, 8 km Richtung Kotor, können Sie in der traumhaften Atmosphäre einer alten Mühle vornehm tafeln: INSIDER TIPP *Čatovića Mlini (Tel. 032 37 30 30 | www.catovica-mlini.com | €€€)*, seit Jahren das beste Restaurant des Landes, bietet hervorragende Küche. Sie müssen reservieren, und die Bewirtung kostet über 50 Euro pro Person.

IGALO (126 C5) *(🕮 H5)*

Der Kurort (3000 Ew.) liegt am Westende der Uferpromenade, nur 15 Minuten Fußweg vom Hafen von Herceg Novi entfernt. Rheumakranke schätzen seit Langem die heilende Wirkung des mineralhaltigen Uferschlicks, 1950 wurde hier die erste Klinik gebaut. Heute bietet das ● *Institut Igalo* oder *Mediterranean Health Center (420 Zi. | Save Ilica 1 | Tel. 031 65 85 55 | www.igalospa.com | €€)* alles, was in Westeuropa unter Wellness firmiert – allerdings zu deutlich niedrigeren Preisen. Günstiger als im Institut wohnen Sie in unzähligen Privathäusern und vielen kleinen Hotels (Infos auf *www.hercegnovi.travel*). Entlang der Küste gibt es mehrere Campingplätze. Gleich neben dem Institut Igalo liegt die *Villa Galeb (Eintritt 3 Euro)*. Die prachtvolle Luxusunterkunft ließ der jugoslawische Staatschef Tito in den 1960er-Jahren als Sommersitz errichten.

INSIDER TIPP **ROSE** (126 C6) *(🕮 H6)*

Gegenüber von Herceg Novi auf der Halbinsel Luštica liegt das malerische Dorf Rose. Es wird mittlerweile als „Saint-Tropez von Montenegro" gehandelt, denn hier haben sich die serbischen Filmstars niedergelassen. Rosen und Oleander ranken sich um die prachtvoll renovierten Steinhäuser der Prominenten, Palmen spenden Schatten, der Strand liegt vor der Haustür. Und: Herceg Novi, auf das man aus dem Schlafzimmerfenster blicken kann, ist mit dem Boot in wenigen Minuten erreichbar. Mittlerweile werden in Rose Apartments auch an Touristen vermietet. Nur wenige Meter vom Meer entfernt stehen die 15 Zwei- bis Vierbettbungalows von *Forte Rose (Mobiltel. 067 377311 | www.forterose.me | €€).*

SAVINA (126 C5) *(🕮 H5)*

Vom Hafen von Herceg Novi ist die kleine, grüne Gemeinde (1000 Ew.) nur einen 20-Minuten-Spaziergang entfernt. Das *orthodoxe Kloster (tgl. 7–19 Uhr)* mit seinen beiden Kirchen liegt etwas oberhalb der Uferpromenade und beherbergt in seiner Schatzkammer das fast 800 Jahre alte INSIDER TIPP Bischofskreuz des heiligen Sava, Schutzpatron der serbisch-orthodoxen Kirche.

KOTOR

KARTE AUF S. 123

(127 E–F 4–5) *(🕮 K5)* **Lassen Sie sich am Morgen wecken vom Geläut der Glocken – fast ein Dutzend Kirchen gibt es in der Altstadt von Kotor (6000 Ew.), die die Unesco nach dem Erdbeben von 1979 zum Weltkulturerbe erklärte, um einen schnellen Wiederaufbau zu sichern.**

Der ist gelungen, wovon sich die Einwohner Kotors jeden Tag wieder in einem der Cafés am spiegelglatt getretenen Platz vor dem Uhrturm überzeugen. Dies ist vielleicht der beste Fleck, um Zugang zum Geist der einst von Römern, Venezianern und Österreichern regierten Stadt zu finden. Kotor – das heißt Eintauchen ins Mittelalter, als das Städtchen am südöstlichen Zipfel der Bucht von den Venezianern geprägt wurde. Kotor – das ist die Kathedrale des heiligen Trifun, 1166 auf den Grundmauern einer Kirche aus dem 9. Jh. errichtet. Kotor – das ist das Selbstbewusstsein der eigenständigen Seefahrergemeinde, die dem Ansturm der Türken immer standhielt und von wechselnden Herrschern mal Dekadaron, mal Catarum, Catera oder Cathara genannt wurde. Unter den Südslawen setzte sich der Name Kotor durch, die Italiener machten daraus Cattaro. Richtung Herceg Novi reihen sich malerische Ortschaften am Meer aneinander und bieten herrliche Ausblicke auf die Bucht. Sie sind gut mit Linienbussen zu erreichen.

SEHENSWERTES

INSIDER TIPP **JÜDISCHER FRIEDHOF**

„Spanische Juden" wurden sie in Montenegro genannt: Menschen jüdischen Glaubens, die im Mittelalter von der iberischen Halbinsel einwanderten. Die junge jüdische Gemeinde des Landes hat bislang keine schriftlichen Dokumente über das jüdische Leben im mittelalterlichen Montenegro gefunden, doch der Friedhof von Kotor belegt, dass Juden seit Langem hier ansässig sind. Die Stätte – der einzige jüdische Friedhof Montenegros und einer der wenigen auf dem Balkan – wurde 2005 restauriert. *Im Stadtteil Škaljari*

POMORSKI MUZEJ (SEEFAHRTS-MUSEUM) ●

Auf drei Stockwerken zeigt das Museum im ehemaligen Palast der Familie Grgurina Seefahrertrachten, Modelle alter Schiffe, typische Waffen und eine Reliefkarte der Bucht. *15. April–Juni, Sept.–15. Okt. Mo–Sa 8–18, So 9–13, Juli–Aug. Mo–Fr 8–23, So 9–16, 15. Okt.–15. April Mo–Fr 9–17, Sa, So 9–13 Uhr | Trg Bokeljske mornarice | www.museummaritimum.com | Eintritt 4 Euro*

STADTMAUER

Über 4 km lang ist die von den Venezianern schon 1420 begonnene, erst 400 Jahre später fertiggestellte Stadtmauer *(Eintritt 2 Euro)*, die tief in den Berg oberhalb von Kotor einschneidet. Der Aufgang befindet sich kurz hinter dem Nordtor. Auf etwa halber Strecke zur Festung *Sv. Ivan (Eintritt frei)* liegt die kleine Kirche *Gospa od Zdravlja*.

Hier spüren Sie den Geist dieser alten Stadt: Platz vor dem Uhrturm in Kotor

STARI GRAD (ALTSTADT) ★ ●

Drei Tore führen in die Altstadt von Kotor, das älteste ist jenes im Süden, das bereits im 13. Jh. entstand. Das nördliche und das Haupttor *(Morska vrata)* vor dem großen Parkplatz am Ufer – die Altstadt ist autofrei – wurden im 16. Jh. im Renaissancestil errichtet. Direkt gegenüber dem Haupttor, mit den Palästen der Patrizierfamilien Bisanti und Beskuca im Hintergrund, liegt der *Uhrturm (Sat kula)*. Neben der *St.-Luka-Kirche*, die sich noch bis ins 19. Jh. hinein Katholiken und Orthodoxe teilten, ist vor allem die *St.-Trifun-Kathedrale* sehenswert, die beim Erdbeben von 1979 stark beschädigt wurde, inzwischen aber wieder vollständig restauriert ist.

ESSEN & TRINKEN

BASTION

Das Seefischangebot des Restaurants am Nordeingang der Altstadt ist vom Feinsten. Probieren Sie die INSIDER TIPP mit Schinken und Käse gefüllten Tintenfische. *Trg od drva / Tel. 032 322116 / www.bastion123.com* / €€

GALION

Direkt am Wasser, mit Blick auf die Altstadt von Kotor, genießen Sie die exquisite Küche des Hauses und können zwischen 130 Sorten ausländischer und einheimischer Weine wählen. *Šuranj | Tel. 032 32 50 54 | €€–€€€*

KONOBA CESARICA

Fischspezialitäten der dalmatinischen Küche, aber auch Schafskäse vom Bauern und T-Bone-Steak werden hier serviert. Die Konoba Cesarica liegt in der Altstadt bei der Musikschule. *Stari grad 375 | Tel. 032 33 60 93 | €€–€€€*

AM ABEND

Ausgerechnet am Platz der Waffen, dem *Trg oružja*, residiert die *Diskoteka Maximus*, die mit allen Schikanen einer In-Disko ausgestattet ist. In der *Pianobar*, die gleich daneben liegt, geht es etwas ruhiger zu.

LOW BUDG€T

Die kleine, feine Familienpension *Arnaut (14 Zi. | Njegoševa 111 | Mobiltel. 069 63 23 53 | www.pansionarnaut.net)* liegt mitten in Herceg Novi und ist für die Stadt äußerst günstig. Sogar im August zahlen Sie für ein Doppelzimmer weniger als 20 Euro, in der Vor- und Nachsaison sind es ca. 10 Euro. Von Oktober bis Mai ist der Preis verhandelbar.

Mit der Montenegro-Card bekommen Sie bis zu 30 Prozent Rabatt bei Veranstaltungen, in Museen und sogar in einigen ausgewählten Restaurants. Die Karte kostet 14 Euro. Am besten bestellen Sie sie vor der Reise unter *www.montenegrocard.com*, dann wird sie Ihnen direkt nach Hause geschickt.

ÜBERNACHTEN

HOSTEL OLD TOWN

Das Gebäude stammt aus dem 13. Jh., in einigen Zimmern sind sogar noch die alten Mauern zu sehen. Gäste können Fahrräder mieten. *5 Zi., 1 Apt., 12 5- bis 12-Bett-Schlafsäle | Stari grad 284 | Tel. 032 32 53 17 | www.hostel-kotor.me | €*

MARIJA

Das alte Bürgerhaus in der Altstadt ist mit einer schönen Eichentäfelung verkleidet. *17 Zi. | Stari grad 449 | Tel. 032 32 50 62 | www.hotelmarija.me | €*

RENDEZ-VOUS

Das Rendez-vous ist das günstigste Haus in der Altstadt. *10 Zi. | Pjaca od mlijeka | Tel. 032 32 24 47 | €€*

VARDAR

Ein Patrizierhaus mit 33 Zimmern, türkischem Bad und *cigar lounge*, umgeben von Steinhäusern der Altstadt. Fragen Sie nach INSIDER TIPP Zimmer 206, unter dessen Balkon liegt die Flaniermeile von Kotor. *Trg od drva | Tel. 032 32 50 84 | www.hotelvardar.com | €€€*

AUSKUNFT

Stari grad 315 | Tel. 032 32 59 50 | www.tokotor.me

ZIELE IN DER UMGEBUNG

DOBROTA (127 E4) *(K4–5)*

Der Vorort (7000 Ew.) von Kotor erstreckt sich über 7 km und hat viele kleine Strände. Kulinarische Abwechslung bietet das Restaurant *Ellas (Mobiltel. 069 22 04 55 | www.restoranelas.com | €–€€)* am Ufer, das auf griechische Küche spezialisiert ist. Einfache Mehrbettzimmer gibt es in der Pension *Dobrotski Dvori (8 Zi. |*

Reich geschmückt präsentiert sich das Innere der Kirche Gospa od Škrpjela

Tel. 032 33 08 40 | €€), ebenfalls am Ufer. Feudaler nächtigen Sie im *Palazzo Radomiri (Tel. 032 33 31 72 | www.palazzoradomiri.com | €€€)*: Eine russisch-montenegrinische Familie hat den Barockpalast aus dem 18. Jh. ausgebaut. Die sieben Zimmer tragen die Namen der Schiffe, die einmal der Familie Radomiri gehörten. Direkt am Wasser und doch mit einem Swimmingpool ausgestattet.

GOSPA OD ŠKRPJELA ★

(127 D4) (*🗺 J4*)

Zu den Höhepunkten eines Besuchs an der Boka gehören die beiden Kircheninseln vor Perast. Der ursprüngliche Bau der Kirche Gospa od Škrpjela (Frau vom Felsen) wurde 1452 errichtet. Jedes Jahr am 22. Juli fährt man in Booten hinüber und feiert den Geburtstag, indem man Steine ins angrenzende Wasser wirft. Ein Brauch, der eine lange Tradition hat: Da Seeleute und Fischer über Jahrzehnte hinweg Schiffe versenkten und Steine zur Erweiterung der Inselfläche auftrugen, reichte der Platz Mitte des 17. Jhs., um die Kirche auszubauen und neue Gebäude hinzuzufügen. Sein barockes Innenleben bekam das Gotteshaus erst durch den Architekten Ilija Katičić, der den Glockenturm anbaute und das Kirchenschiff verfeinerte. Die Decken- und Wandgemälde stammen vom Maler Tripo Kokolja (1661–1713), dessen Werke zu seiner Zeit von Dubrovnik bis Venedig hoch geschätzt wurden. Hunderte Votivtafeln zeigen Schiffe und Szenen aus dem Alltag von Perast und wurden zum Dank für geheilte Krankheiten aufgehängt. Gegenüber von Gospa od Škrpjela liegt die Insel *Sv. Đorđe* (St. Georg), lange Zeit die bedeutendste Benediktinerabtei der Bucht. Im Gegensatz zur Schwesterkirche thront Sv. Đorđe auf einem natürlichen Steinriff. In jedem Küstenort können Bootstouren gebucht werden.

Superreiche parken in Porto Montenegro ihre Yachten, alle anderen kommen zum Staunen her

PERAST ★ (127 D–E4) (*🗺 J4*)
Die Büsten vor der im 15. Jh. errichteten barocken *Sv.-Nikola-Kirche* mit ihrem 55 m hohen Glockenturm zeigen, wem das Städtchen mit den meisten Sonnenstunden pro Tag seinen Ruf verdankt: seinen Kapitänen, bei denen auch Seeleute des russischen Zaren Peter der Große in die Schule gingen. Heute hat der unter Denkmalschutz stehende Ort nur noch 300 Bewohner, einst aber war die Flotte der 1558 für autonom erklärten Gemeinde größer als die von Dubrovnik.

Das rund 14 km von Kotor entfernte Perast zählt zu den schönsten Barockstädtchen an der Adria. Über Jahrhunderte stand es unter venezianischer Kontrolle, immer wieder angegriffen von den Schiffen des Osmanischen Reichs, das die Stadt jedoch nie erobern konnte. Der Status als wichtiger Grenzort brachte den Bewohnern zahlreiche Privilegien ein, die jedoch mit dem Fall Venedigs 1797 abrupt endeten, womit der Niedergang der stolzen Schifferzunft eingeleitet wurde. Das *Museum (April–Okt. tgl. 9–21 Uhr, Nov.–März tgl. 9–15 Uhr | am Ufer | www.muzejperast.me | Eintritt 2,50 Euro)* von Perast ist im *Bujović-Palast* aus dem 17. Jh. untergebracht. Portraits der glorreichen Kapitäne der Stadt, Landkarten und Wohnzimmereinrichtung der Bujovićs lassen Sie in ferne Seefahrerwelten eintauchen. Auch das INSIDER TIPP *Hotel Conte (10 Apts. | Obala Kapetana Marka Martinovića | Tel. 032 37 36 87 | www.hotelconte.me | €€€)* war einmal ein Kapitänshaus. Direkt am Wasser liegt das Hotelrestaurant. Unbedingt probieren: Scampi vom Grill.

PRČANJ (127 E4) (*🗺 K4*)
Etwa 6 km von Kotor entfernt an der Bucht liegt Prčanj (1000 Ew.). Im 17. Jh. stellten die Seeleute des Orts den ersten Postverkehr zwischen Venedig und Konstantinopel her. Dem berühmtesten Kapitän des Orts, Ivo Visin, ist vor der

Pfarrkirche *Bogordični hram*, der größten der Boka, ein Denkmal gesetzt. Das Hotel INSIDER TIPP *Splendido (43 Zi. | Naselje Glavati | Tel. 032 30 17 00 | www.splendido-hotel.com | €€€)* mit eigenem Pool und Zugang zum Meer ist nach dem Schiff benannt, das Visin auf seiner Weltumseglung benutzte. Edel ist das *Art Hotel Galathea (7 Zi. | Jadranska magistrala 134 | Tel. 032 33 74 31 | www.september hotels.com | €€€).*

RISAN (127 D3–4) *(J4)*
In der ältesten Stadt der Bucht (1500 Ew.), die rund 18 km entfernt liegt, errichtete die illyrische Königin Teuta im 3. Jh. v. Chr. ihren Herrschaftssitz, von wo sie die Römer etwa 100 Jahre später vertrieben. Bodenmosaike aus der römischen Zeit, als Risan die bedeutendste Stadt der Gegend war, sind in einem unbeaufsichtigten, etwas oberhalb der Tankstelle gelegenen ● *Freilichtmuseum (immer offen | Eintritt frei)* ausgestellt.

TIVAT

(127 E5) *(J5)* **Das einst verschlafene Nest wurde vom Luxus geküsst. Tivat (11 500 Ew.) ist heute bekannt für die Superyachten, die in seinem Hafen anlegen.**

Bis 1797 gehörte die Stadt den Venezianern, danach der österreichisch-ungarischen Monarchie, die hier wegen der strategisch wichtigen Lage an der Einfahrt zur Bucht ihren Marinestützpunkt ausbaute. Die Kriegsschifffahrt blieb auch im 20. Jh. im Ort, unter Tito war Tivat der wichtigste Militärstützpunkt der südlichen Adria. Lange Zeit für den Tourismus gesperrt, wurde die Stadt mit ihrem nahe gelegenen Flughafen erst in der zweiten Hälfte des 20. Jhs. langsam geöffnet. Sie blieb jedoch eher ein Transit- als ein Ferienort. 2006 kaufte der kanadische Milliardär Peter Munk für drei Millionen Dollar die marode Werft und versprach, die beste europäische Marina zu bauen. Gesagt, getan: ★ *Porto Montenegro (www.portomontenegro.com)* ist dabei, Monte Carlo den Rang abzulaufen. Riesige Luxusyachten liegen hier vor Anker. Die Mediterranean Yacht Brokers Association zeigt die Traumschiffe jedes Jahr im September auf der *MYBA Pop-up Superyacht Show (www.mybapopupshow.com)*. Neben der Marina ist direkt am Wasser eine Stadt mit Luxuswohnungen entstanden. Bis zu 10 000 Euro kostet der Quadratmeter. Auch das Luxushotel *Regent Porto Montenegro (86 Zi. | Tel. 032 66 06 60 | www.regenthotels.com/porto-montenegro | €€€)* hat gesalzene Preise, kann aber über mangelnde Kundschaft nicht klagen. Sofort nach seiner Eröffnung war es ausgebucht.

SEHENSWERTES

JUGOSLAWISCHES GENERALKONSULAT

Jugoslawien ist längst Geschichte. In Tivat aber gibt es noch immer ein Generalkonsulat des Staats. Die Telefonnummer ist das Gründungsdatum der Sozialistischen Republik (29.11.43). Es gibt allerlei Devotionalien wie Fahnen, Abzeichen und alte Postkarten zu sehen. Und wer will, kann sich für 10 Euro einen „echten" jugoslawischen Pass ausstellen lassen. *Tgl. 10–17 Uhr | Palih Borača 4 | Eintritt frei*

INSIDER TIPP MUSEUM ARSENAL

Wagen Sie den Gang durch ein originales U-Boot, klaustrophobisches Gefühl inbegriffen. Vor der ehemaligen Marinewerft Arsenal steht das Prachtstück der jugoslawischen Marine mit dem Namen *Heroj*, „Held". Im Museum von Porto Montenegro sind historische Dokumente und Artefakte zu sehen. *Mo–Fr 9–18, Sa 13–17 Uhr | Eintritt Museum frei, U-Boot 5 Euro*

ESSEN & TRINKEN

BACCHUS

Das bei Einheimischen beliebte Restaurant liegt etwas abseits der Lokale an der Uferpromenade. Sehr lecker: die mit Krebsen gefüllten Tintenfische! *Palih Borača | Tel. 032 67 25 58 | €€*

INSIDER TIPP BYBLOS

Ein Besuch in dem libanesischen Restaurant in Porto Montenegro ist ein Erlebnis. Genießen Sie wunderbare Vorspeisen *(meza),* Lamm mit Minze und Joghurt oder Granatapfelsauce – und dazu den Blick auf die Luxusyachten im Hafen. *Mobiltel. 063 22 20 23 | www.byblos.me | €€–€€€*

ONE

Ein hübsches Plätzchen zum Sekt schlürfen und Schlemmen direkt am Wasser. Das One liegt an der Hauptpromenade von Porto Montenegro. *Mobiltel. 067 48 60 45 | www.facebook.com/jettyone | €€–€€€*

INSIDER TIPP PROVA

Von der Straße sieht das Prova aus wie ein Schiff auf dem Trocknen und unter Palmen. In den kuscheligen Rattansofas kann man den ganzen Tag verbringen: Morgens gibt es Frühstück, abends ein Dinner vom Feinsten. Das Restaurant serviert mediterrane Küche zu moderaten Preisen. *Šetalište Iva Vizina 1 | Tel. 032 67 14 68 | www.prova.co.me | €€*

EINKAUFEN

In den verwinkelten Gassen von Porto Montenegro geben Edelboutiquen wie die von Gaultier oder Stella McCartney Einblick in die Welt der Reichen und Schönen. Hier finden Sie heraus, was die Montenegriner mit ihrem Wort für Schaufensterbummel meinen: *Pariti oči* bedeutet so viel wie „feuchte Augen kriegen". An vier Terminen während der Sommermonate findet auf den Straßen von Porto Montenegro der *Farmer's Market* statt. *Wine and dine* auf Biobasis lautet hier das Motto, Sie können Honig, Käse, Olivenöl und Schinken aus den Bergregionen kosten und kaufen. Wann, das erfahren Sie auf *www.portomontenegro.com.*

FREIZEIT & SPORT

In Porto Montenegro lässt es sich luxuriös wellnessen. Im Entspannungstempel *Purobeach (Tagespreis 30 Euro | www.purobeach.com)* planschen Sie im 64 m langen Pool mit grandiosem Blick über die Bucht von Kotor. Das Spa *Pura Vida (www.puravida-spa.com)* hat u. a. eine Schokoladenbehandlung im Angebot, 90 Minuten kosten 120 Euro. Eine Ganzkörpermassage bekommen Sie schon für ca. 30 Euro.

STRÄNDE

Im nahe gelegenen Ort Oblatno bietet der Strand *Almara (www.almara.me)* puren Luxus. Neben den üblichen Strandliegen und Sonnenschirmen können Sie hier ein „Wohnzimmer" mieten – für 500 Euro am Tag. Dann erwarten Sie unter einem weißen Baldachin Sofas, Sessel und ein Plasma-TV. Butler und Cocktails sind im Preis inbegriffen. Die Stadtstrände von Tivat und in den Dörfern der Umgebung tun es aber auch. Zwei Liegen und Sonnenschirm kosten hier 5 bis 10 Euro. *Gradska* liegt direkt in Tivat neben dem Hotel Palma.

ÜBERNACHTEN

PALMA

Unter den drei alten Staatshotels ist dieses am besten erhalten. Gäste haben einen schönen Blick aufs Meer. *114 Zi. | Pakovo | Tel. 032 67 22 88 |* €

PINE

Wer im Hotel Pine wohnt, genießt den Blick direkt auf die Fußgängerpromenade an der Boka. *26 Zi. | Tel. 032 67 13 05 | htpmimoza.me |* €€

VILLA ROYAL

Der schöne Neubau liegt hinter dem Yachthafen. *6 Zi., 6 Apts. | Kalimanj | Tel. 032 67 53 10 |* €€

AUSKUNFT

Palih Borača 19 | Tel. 032 67 13 23 | www.tivat.travel

ZIEL IN DER UMGEBUNG

LUŠTICA ★

(126–127 C–E 5–6) *(H–J 5–6)*

Das „Land der Oliven" nennen die Montenegriner die 47 km² große Halbinsel wenige Kilometer südlich von Tivat. Seit der Antike wachsen hier Olivenbäume. Beinahe jedes Haus besaß früher eine Mühle, man lebte mit und von den Oliven. Später gehörte Luštica dem Militär, das von hier aus den Eingang in die Kotorbucht bewachte. Viele Einwohner gingen weg, Dörfer verwaisten. Jetzt kehren die Enkelkinder zurück, aber auch ausländische Investoren kommen nach Luštica. Überall entstehen Luxusresorts, Marinas, Golfplätze. Noch ist die 35 km lange Küste ziemlich leer, unberührte Buchten mit klarem, türkisem Wasser liegen einsam in der Sonne. Im Inselinneren gibt es vergessene Dörfer, steinerne Häuser stehen im Schatten der Olivenhaine, und das alles in einer wunderbaren Luft, denn der Berg *Obosnik* ist 582 m hoch. Auch Olivenbauern gibt es wieder (s. S. 19). An der Südseite der Halbinsel liegt *Modra Špilja,* die Blaue Grotte, die nur vom Meer aus zu erreichen ist. Bootstouren von Tivat *(Infos bei der Tourismusorganisation, s. „Auskunft")* und Herceg Novi *(Barkarioli | Mobiltel. 067 55 53 36 | www.barkarioli.com)* führen dorthin.

Willkommen auf der Halbinsel Luštica, im „Land der Oliven"!

DIE ADRIA

Kilometerlange Strände und traumhafte Buchten. Kleine, sandige Uferstreifen, versteckt zwischen den Felsen. Grünes Hinterland, das fast bis ans Meer reicht. Das ist die montenegrinische Adriaküste. Im Rücken der pittoresken Hafenstädtchen ragen die Gipfel von Lovćen und Rumija in den Himmel und bieten Touristen, die von Podgorica oder Cetinje an die Küste kommen, einen majestätischen Ausblick aus der Höhe. Von Budva bis zur Insel Ada Bojana, kurz vor der albanischen Grenze, breitet sich eine malerische Landschaft aus: Fischerbötchen, die sich sanft auf den Wellen wiegen, unzählige, auf hübschen Hügeln versteckte Olivenhaine, steinerne Häuser aus vergangenen Zeiten und von Pinien und Zypressen gesäumte Alleen.

Lange Zeit blieb die montenegrinische Adria als Urlaubsziel unentdeckt. Ganze zwei Hotels gab es vor dem Zweiten Weltkrieg in Budva. Anfang der 1960er-Jahre begann der Bau der Adriaküstenstraße Jadranska magistrala, die von Bar bis Rijeka im Norden Kroatiens führt, und damit eine neue Zeit. Hastig wurden Hotelkästen in die Landschaft gestellt. Die großen Pauschalreiseveranstalter flogen Dubrovnik an und Touristen konnten von dort in kurzer Zeit ihre Unterkunft mit dem Bus erreichen. Auch der damals winzige Flughafen von Podgorica wurde ausgebaut.

Vor allem aus Deutschland, Österreich und der Schweiz kamen Besucher in Scharen. Man sprach plötzlich Deutsch in Montenegro – in Schnellkursen pauk-

Bild: Strand bei Petrovac na Moru

Herrliches Panorama an Montenegros Riviera: Zu Füßen grüner Hügel liegen lange Strände und Städte mit mediterranem Flair

ten Kellner und Zimmermädchen ein paar Brocken der Sprache. Nach Ulcinj, wo die Welt zu Ende zu sein schien und die nächste Grenze die nach Albanien war, kamen die Touristen aus der DDR. In großen Gruppen, gut bewacht und streng getrennt von den Reisenden aus Westdeutschland verbrachten sie ihren Urlaub. Dazu gehörte auch der Busausflug nach Dubrovnik, von dem nicht immer alle zurückkehrten – einige nutzten die Chance, um sich in den Westen abzusetzen.

Die zweite Bauwelle begann nach dem Erdbeben 1979. Vor allem die Einwohner der Küstenstädte bekamen günstige Kredite und begannen, ihre Häuser zu renovieren und umzubauen. Es entstanden erste *vikendice*, Wochenendhäuser.

Heute ist die montenegrinische Adria trotz der verstopften Straßen ein wahres Schmuckstück. Fremde Eroberer haben in der Vergangenheit in der Altstadt von Ulcinj oder in Budva und Stari Bar bezaubernde architektonische Spuren hinterlassen: Illyrer, Griechen, Römer, Ve-

In den Ruinen von Stari Bar spazieren Sie mal eben fast 1000 Jahre zurück in die Vergangenheit

nezianer und Österreicher besetzten und verteidigten die Hafenstädte über Jahrhunderte hinweg. Die Grenze zwischen dem Byzantinischen und dem Römischen Reich verlief südlich von Budva.

Aus dem Landesinneren verkürzt die Strecke durch den Sozinatunnel *(2,50 Euro)*, die Fahrt an die Küste bei Sutomore um viele Kilometer. Deshalb nutzen sie im Sommer viele Besucher aus Podgorica. Für Touristen aus dem Ausland ist allerdings die kurvenreiche ● Straße von Virpazar in die Nähe von Petrovac interessanter. Sie führt durch eine einmalige Gegend: Auf einer Seite liegt eine Mondlandschaft, auf der anderen eröffnet sich der atemberaubende Blick aufs Meer. Und die Tunnelmaut sparen Sie auch.

BAR

(130 A–B 4–5) *(P7)* **Die Stadt hat in den vergangenen Jahrzehnten eine rasante Entwicklung durchgemacht. Breite Straßen und Boulevards durchqueren Bar (15 000 Ew.). Überall wird gebaut, Hochhäuser und Einkaufszentren wachsen in den Himmel.**

Die Bevölkerung von Bar ist jung – Plätze an den Fakultäten für Journalismus und BWL sind bei Studenten aus dem ganzen Land begehrt. Zudem wird die Stadt immer mehr zum kulturellen und wirtschaftlichen Zentrum der südlichen Adria. Die Marina verfügt über 900 Liegeplätze, und der Hafenbetrieb brummt. Die ständige Fährverbindung von Bari und Ancona sowie die Zugstrecke von Belgrad bringen viele Touristen in die Stadt. Ihr Ziel sind zwar die benachbarten Ferienorte, dennoch profitiert Bar von ihnen.

SEHENSWERTES

GRADSKI MUZEJ (STADTMUSEUM)

In der ehemaligen Sommerresidenz des Königs Nikola an der Uferpromenade werden Artefakte aus mehreren Jahrhunderten gezeigt. *Tgl. 8–22 Uhr | Šetalište Kralja Nikole | Eintritt 1 Euro*

ESSEN & TRINKEN

An der Hafenpromenade gibt es Restaurants in verschiedenen Preislagen – und Sie essen mit Blick auf die Yachten.

KNJAŽEVA BAŠTA

Im Garten des Stadtmuseums speisen Sie in luxuriösem Ambiente. *Šetalište Kralja Nikole | Mobiltel. 069 09 04 99 | www.knjazevabasta.com | €€*

SAVOIA

Das Restaurant in der Nähe des Bauernmarkts bietet eine reichhaltige Karte mit Pizza und Pasta sowie Fisch- und Fleischgerichten. *Jovana Tomaševića 16 | Mobiltel. 069 63 33 33 | €–€€*

EINKAUFEN

Sehr gute Einkaufsmöglichkeiten (und die billigsten in der Gegend) bieten große Supermärkte im Zentrum der Stadt. Auf keinen Fall verpassen dürfen Sie den INSIDER TIPP *Bauernmarkt (tgl. 7–14 Uhr | Bar pijaca)*, der sich ebenfalls mitten in der Stadt befindet. Unmengen von Obst und Gemüse, frische Fische, dicke Schinken, Honig und Olivenöl, Lorbeerblätter und Rosmarin, Ziegenkäse in allen möglichen Varianten – der Markt bietet eine farbenprächtige Auswahl regionaler Lebensmittel und duftet auch noch himmlisch.

ÜBERNACHTEN

Die meisten Touristen kommen nur zum Bummeln und Einkaufen nach Bar, denn angenehmer wohnen sie in Sutomore (s. S. 60) oder Šušanj. Die beiden Buchten liegen in unmittelbarer Nähe der Stadt und sind zu Fuß oder mit dem Fahrrad zu erreichen. Mittlerweile finden Sie allerdings auch in Bar Apartmenthäuser, die Preise unterscheiden sich nicht von denen in der Umgebung: Vier Personen kommen schon für 35 Euro pro Tag un-

MARCO POLO HIGHLIGHTS

★ Stari Bar
Besuch in der Vergangenheit: Am Berg Rumija liegen die Ruinen des alten Bar → S. 52

★ Stari grad (Altstadt) in Budva
Zwischen steinernen Gemäuern thront das jahrhundertealte Erbe der Venezianer auf einer kleinen Halbinsel → S. 53

★ Sv. Stefan
Das schönste Fotomotiv des Landes und Treffpunkt der Reichen, Schönen, Prominenten: Die einstige Fischerinsel wurde zum Luxushotel ausgebaut → S. 56

★ Petrovac na Moru
Alte Häuser an der Promenade und Palmen am Strand: Der kleine Küstenort hat sich viel von seinem Charme bewahrt → S. 57

★ Buljarica
Wo der Boden zu feucht ist, um Hotelbauten zu tragen, haben Sie freien Blick auf Strand und Meer → S. 60

★ Velika plaža (Großer Strand) in Ulcinj
Der längste Strand Montenegros ist beliebt bei Kindern und bei Surfern: Seichtes Wasser erfreut die einen, viel Wind die anderen → S. 62

ter. Eine gute Übersicht zu Unterkünften in und rund um Bar bietet die Website *www.cheapmontenegro.com.*

AUSKUNFT

Obala 13. Jula | Tel. 030 311633 | www.visitbar.org

Schaufenster in die Zeit der venedischen Herrschaft: die Altstadt von Budva

ZIELE IN DER UMGEBUNG

DOBRA VODA UND UTJEHA
(130 C4–5) *(🗺 P–Q 7–8)*

Die Fahrt zu den ca. 15 km entfernten Buchten lohnt sich: Hier gibt es Apartments und Zimmer für wenig Geld, das Meer liegt direkt vor der Haustür und ringsherum wachsen Pinien und Zypressen. Das Zirpen der Grillen gibt es umsonst. Besonders schön ist es Ende Mai, wenn die ● Ginsterblüte die Gegend gelb färbt. In Dobra Voda vermietet *Ani Apartmani (Mobiltel. 069 027686 | www.ani-apartmani.com | €)* 14 Apartments. Im *President Utjeha (8 Apts., 4 Bungalows | Mobiltel. 068 456485 | www.presidentutjeha.com | €)* stehen Bungalows im Olivenhain. Das Hausrestaurant *(€€–€€€)* serviert Grillgerichte.

OLIVENBAUM (130 B4) *(🗺 P7)*

Zwischen Bar und Ulcinj wachsen etwa 175 000 Olivenbäume, viele von ihnen seit 2000 Jahren. Der älteste, gleichzeitig einer der ältesten weltweit, soll sogar 2200 Jahre auf der Borke haben. Er steht etwa 5 km entfernt von Bar beim Dorf Tomba, an der alten Straße von Stari Bar nach Ulcinj.

STARI BAR ★ (130 B4) *(🗺 P7)*

Etwa 4 km nördlich von Bar, 18 km von Ulcinj entfernt, am Aufstieg zum Berg Rumija, liegt das alte *(stari)*, das historische Bar. Die Ursprünge der von einer riesigen Mauer umgebenen Stadt gehen zurück auf das 11. Jh., als Bar noch zum serbischen Küstenstaat Zeta gehörte – aus dieser Zeit stammt auch das *Stadttor,* dessen Fassaden im 14. Jh. rekonstruiert wurden. Im 12. Jh. wurde die *St.-Georg-Kathedrale* in romanisch-gotischem Stil errichtet. Unter ihren Mauern hat man die Reste einer noch älteren Kirche entdeckt. Auch die Ära der türkischen Besatzung hat ihre Spuren hinterlassen. Zu den Gebäuden aus der Zeit zählt etwa das alte *Hammam (Juni–Okt. rund um die Uhr zugängl. | Eintritt 1 Euro)*. In die lange Zeit verlassene Stadt ist wieder Leben eingekehrt. In der Hauptstraße liegt die urige INSIDER TIPP *Konditorei Karađuzović (Mobiltel. 069 03 18 62)*, wo Sie nicht nur einen guten Mokka, sondern auch die beste Baklawa der Gegend bekommen.

BUDVA

KARTE IM HINTEREN UMSCHLAG (128 C5–6) (*L–M6*) **Schon aus der Ferne, auf der Abfahrt von Cetinje oder bei der Anreise von Tivat, kündigt sich die älteste Stadt (10 000 Ew.) an der montenegrinischen Küste mit Paukenschlag an.**

Etwas abseits vom restlichen Ufer thront der historische Kern auf einer Halbinsel in der Adria und streckt sich nach der Insel *Sv. Nikola*. Die venezianischen Eroberer gaben der Altstadt im 15. Jh. ihr prächtiges Gesicht, das lediglich durch das Erdbeben von 1979 ein paar – längst verschwundene – Kratzer bekam.

So schnell wie Budva ist keine Gemeinde in Montenegro gewachsen. Der Ausverkauf von Grund und Boden begann gleich nach den Balkankriegen, selbst die benachbarten Berge sind heute bebaut und in die Stadt integriert. Wohnen in den Bergen, mit Pool und Meerblick, ist mittlerweile angesagt, weil die Stadt, vor allem im Sommer, überlaufen ist. In der Hochsaison herrscht chronischer Parkplatzmangel, die Straßen rund um den Ort sind verstopft, das Wasser ist knapp. Und doch bleibt Budva ein Besuchermagnet, vor allem für Serben und Russen: Die Stadt der schönsten Mädchen, der dicksten Autos und der höchsten Preise an der Küste bietet lange Nächte in den Diskos, gutes Essen an der Uferpromenade und Designerläden in der Altstadt.

SEHENSWERTES

CITADELA (ZITADELLE)

Das alte Kastell vor dem Hauptplatz der Altstadt dient im Sommer als Freilichtbühne. Im Inneren sind Modelle berühmter Schiffe zu sehen, so etwa die „Santa Maria" von Kolumbus. *Eintritt frei*

MUZEJ GRADA BUDVE

Das Stadtmuseum, das vielleicht schönste Museum des Landes, enthält Schaustücke aus der langen Geschichte Budvas, die bis in das 5. Jh. v. Chr. zurückreicht. Tönerne Schalen und Krüge, metallene Werkzeuge sowie Münzen aus der Römerzeit präsentiert das Haus in der Altstadt und gibt einen guten Überblick über die Vergangenheit der einst illyrischen Stadt. *Tgl. 9–24 Uhr | Petrovića 11 | Eintritt 2 Euro*

STARI GRAD (ALTSTADT) ★

Ihre Herrscher wechselten häufig, doch entscheidenden Einfluss auf die Gestalt der schmucken Altstadt nahmen die Bauherren aus Venedig: 1442 eroberten sie Budva, ließen zahlreiche Kirchen errichten und stellten auf die Reste einer alten Mauer die bis heute gut erhaltene Stadtmauer. Sehenswert sind außerdem die dreischiffige, schon im 9. Jh. entstandene *Kirche Johannes des Täufers (Sv. Ivan)* und der 1867 gebaute *Glockenturm (Sahat kula)*.

ESSEN & TRINKEN

In Budva essen Sie meist teurer als in anderen Küstenorten, dafür aber gehobene Küche. Es gibt auch günstige Restaurants – prüfen Sie die Preise am Eingang.

CHICKEN RESTAURANT

Das günstige Lokal macht seinem Namen alle Ehre: Am Eingang der Altstadt bringt es mit Geflügelgerichten Abwechslung in die ansonsten hauptsächlich von Pizza und Fisch geprägte Küche in Budva. *Vuka Karadžića 1 | Tel. 033 45 13 14 | €*

JADRAN – KOD KRSTA

Das Fischrestaurant liegt direkt am Hafen und bietet für jeden Geschmack etwas: Neben Meeresfrüchten, frischem Meeresfisch und Hummer gibt es auch typisch montenegrinische Fleischgerichte sowie INSIDER TIPP günstige Tagesmenüs. *Slovenska obala 10 | Tel. 033 45 10 28 | €€–€€€*

KONOBA KNEZ

Nur drei Tische stehen vor der Tür der kleinen Gaststube in einer engen Gasse der Altstadt. Auch im Innenraum ist kaum mehr Platz, dafür kümmert sich die Belegschaft rührend um die Gäste. *Stjepana M. Ljubiše 5 | Mobiltel. 068 04 06 05 | €€–€€€*

RESTORAN PORTO

Speisen Sie in romantischer Lage vor den Toren der Altstadt am Yachthafen. Im kleinen Wasserbecken schwimmen Fische und Scampi, die frisch zubereitet werden. *Marina Budva | Tel. 033 45 15 98 | www.restoranporto.com | €€–€€€*

FREIZEIT & SPORT

Für Adrenalinjunkies und Bewegungshungrige sind Budvas Strände wie Jaz oder Slovenska plaža ein wahres Paradies. Das vielfältige Sportangebot reicht von Bungeejumping über Jetski und Surfen bis zu Tauchen und Schnorcheln. In vielen Reisebüros vor Ort können Sie Fischpicknicks und Schiffsausflüge entlang der Küste buchen.

STRÄNDE

JAZ

Etwa 5 km von Budva entfernt Richtung Tivat liegt der lange Kiesstrand von Jaz. Er ist berühmt für seine Rockkonzerte, die Rolling Stones und Madonna waren schon hier.

MOGREN I UND II

Vom Hotel Avala aus in ein paar Minuten zu erreichen, liegen die beiden durch eine steile Felswand getrennten Strände ruhiger als Stadtstrand und Slovenska plaža. Eine Handvoll Cafés und Gaststätten bieten Erfrischungen an. Außerdem können Sie hier Tretboote ausleihen.

SLOVENSKA PLAŽA

Der lange Kiesstrand zieht sich einige Hundert Meter vom Hafen bis ans Ende der Bucht von Budva Richtung Bečići und hat neben vielen Sportmöglichkeiten ein breites Gastronomieangebot.

AM ABEND

Ganz Budva ist eine große Diskothek. Die Montenegriner lieben laute Musik, aus jeder Strandbar dröhnt es bis spät in die Nacht. Die meisten Clubs befinden sich entlang der *Slovenska obala.*

ÜBERNACHTEN

Das Hotelangebot in Budva zählt zu den besten des Landes, doch vor allem in den Hauptreisemonaten Juli und August

Sundowner an den Altstadtmauern – so genießt man in Budva einen lauen Sommerabend

bietet es sich an, in einem der kleineren Orte in der Umgebung Unterschlupf zu suchen – oder, wegen Überfüllung, auf private Quartiere auszuweichen.

ASTORIA BUDVA

Ein Luxushotel in bester Lage in der mittelalterlichen Altstadt. Von den Terrassen können Sie Ihren Blick frei über die Dächer und Strände von Budva schweifen lassen. *6 Zi., 6 Apt. | Njegoševa 4 | Tel. 033 45 11 10 | www.astoriamontenegro.com* | €€€

AVALA

Das alte Grandhotel Avala wurde abgerissen und mit allen Schikanen neu aufgebaut. Der Pool liegt direkt oberhalb des Strands, der Blick auf die Bucht und die Altstadtmauern ist beeindruckend. Vorsicht: In manchen Zimmern sind noch bis spät in die Nacht die dröhnenden Bässe der Hoteldisko zu hören. *290 Zi. | Mediteranska 2 | Tel. 033 40 26 56 | www.avalaresort.com* | €€€

HOTEL POSEIDON

Hier fühlen sich vor allem Familien wohl, denn das kinderfreundliche Hotel liegt direkt am langen Strand von Jaz. *60 Zi. | Plaža Jaz | Tel. 033 46 31 34 | www.poseidon-jaz.com* | €–€€

AUSKUNFT

Mediteranska 8/6 | Tel. 033 40 28 14 | www.budva.travel

ZIELE IN DER UMGEBUNG

BEČIĆI (128 C5) (*M6*)

Noch heute sind die Einheimischen des knapp 2 km von Budva entfernten Küstenorts (2000 Ew.) stolz, dass ihr 2 km langer Strand 1936 in Paris zum schönsten des Mittelmeers gekürt wurde. Oberhalb des Strands haben ausländische Investoren große Luxushotels mit vier und fünf Sternen gebaut. Spa und Wellness, Kaviar und Hummer gehören dort zum Programm. Mehrere

Reiseveranstalter bieten den Aufenthalt in diesen Prachtbauten zu moderaten Preisen an. Die Hotels *Splendid (€€€), Queen of Montenegro (€€€)* und *Blue Star (€€–€€€)* werden von der *Montenegrostars Hotel Group (Tel. 033 77 37 77 | www.montenegrostars.com)* betrieben. Wer darauf verzichten kann, dass der Aufzug direkt vom Zimmer zum Strand hinunterfährt, wohnt in den viel günstigeren privaten Apartments. Das *Stella di Mare (32 Zi. | Tel. 033 47 15 67 | €€)* auf der anderen Seite der Küstenstraße ist etwa 150 m vom Strand entfernt. Zur Ausstattung gehören Kabel-TV, Klimaanlage und Terrasse. Das *Spa Resort Bečići (Ive Lole Ribara | Tel. 033 47 14 50 | www.sparesortbecici.com | €€€)* bietet neben Wellness auch Bungeejumping an.

Lust auf Luxus? Im Hotel Aman Sv. Stefan blicken Sie von Terrasse und Pool direkt aufs Meer

PRŽNO (128 C6) (M6)

Auch in der zierlichen Bucht von Pržno, die Küstenstraße 3 km weiter Richtung Petrovac und Ulcinj, lassen sich herrliche Sonnentage verbringen. Ein paar kleine *konobas* am Ostende des Strands laden zu einem Aufenthalt ein. Das ● *Maestral (171 Zi. | Tel. 033 41 01 00 | www.maestral.info | €€€)* hat eines der verbreiteten Hotelcasinos, die vor allem bei Wochenendtouristen aus Italien sehr beliebt sind.

SV. STEFAN ★ (128 C6) (M6)

Ursprünglich hatte die nur 1,6 ha große Insel keine Verbindung zum knapp 100 m entfernten Festland. Erst im 19. Jh. wurde eine Landzunge aufgeschüttet, die das Leben der Fischer auf Sv. Stefan erleichtern sollte. 1956 aber vertrieb man die Fischer, und es begann der Umbau zur Hotelinsel. Von außen betrachtet, blieb das kompakte Dorf aus dem 15. Jh. unverändert. Doch das Innenleben der etwa 100 Steinhäuser verwandelte sich in puren Luxus. 1960 eröffnete das teuerste Hotel im damaligen Jugoslawien, das viele prominente Besucher anzog. Willy Brandt und Helmut Kohl, Claudia Schiffer und Silvester Stallone, Sophia Loren und Klaus Kinski kamen nach Sv. Stefan. 2009 erwarb der griechische Reeder Victor Restis das Kleinod, löste dann aber jahrelang seine Versprechen nicht ein. Die Investoren kamen und gingen, das Hotel blieb lange geschlossen. So war das verwunschene Eiland mit seinen steinernen Häusern und roten Dächern weiterhin nur das meistfotografierte Motiv von Montenegro. Der Blick von der *Aussichtsplattform* an der Hauptstraße auf die „Perle der Adria" wurde sicher schon millionenfach festgehalten.

An einen neuen Besitzer verkauft und luxuriös renoviert, eröffnete die Anlage 2013 als Hotel *Aman Sv. Stefan (Tel. 033 42 00 00 | www.amanresorts.com | €€€)*. Die Preise sind gesalzen, doch Sv. Stefan ist regelmäßig ausgebucht. In der kleinen Inselkirche heiratete 2014 der serbische Tennisstar Novak Đoković, die Fotos gingen um die Welt. Zur Anlage gehört auch INSIDER TIPP *Miločer*, die ehemalige Sommerresidenz der jugoslawischen Könige aus den 1930er-Jahren. Das Hauptgebäude liegt direkt an einer kleinen Bucht, von der Restaurantterrasse blicken Sie auf Sv. Stefan. In einem weitläufigen Park befinden sich weitere, kleine Wohngebäude. Auf dem Weg ins Zimmer begleiten Sie Düfte von Zypressen, Oleander und Pinien.

Mehrere Restaurants liegen zwischen Sv. Stefan und Miločer. Direkt gegenüber der Insel wird im *Olive (Mobiltel. 069 18 79 88 | www.olivetaste.com | €€–€€€)* mediterrane Küche serviert, im Miločer-Park eröffnete 2016 der Edeljapaner *Nobu (Mobiltel. 069 13 31 58 | www.noburestaurants.com | €€€)*. Leider bleibt auch der Komplex von Sv. Stefan und Miločer nicht vom Bauboom an der Küste verschont. Bis 2019 will der Besitzer weitere 100 Mio. Euro in einen Spa- und Apartment-Komplex investieren.

PETROVAC NA MORU

(129 D6) (*N6*) **Direkt unter der Küstenstraße, die von Sv. Stefan nach Sutomore und Bar führt, liegt das verträumte Städtchen ★ Petrovac na Moru (5000 Ew.) in einer kleinen Bucht.**

Ursprünglich bestand die Siedlung nur aus einer Reihe venezianischer Häuser direkt an der Bucht – eben *na moru*, am Meer. Diese jahrhundertealten Bauten zieren noch heute die Promenade. Die Vorfahren der Einwohner von Petrovac, die dem mächtigen Clan der Paštrovići angehören, kamen einst aus den Bergen oberhalb der heutigen Küstenstraße, wo teilweise noch immer ihre Steinhäuser stehen.

Zwar gibt es auch in Petrovac viele Villen, Apartments und kleine Hotels, doch dank ihrer Lage am Berg zwischen Straße und Meer ist die Stadt vom Bauwahn weitgehend verschont geblieben. Vom Ortsteil Medinski krš führt eine Treppe hinab ans Wasser, die den Weg zum Stadtstrand verkürzt. Schöner ist es jedoch, wenn Sie durch die kleinen Gassen hinunter laufen, denn hier wehen Ihnen die Gerüche der mediterranen Pflanzen um die Nase. Am Strand stehen Palmen und Zypressen, keine 30 m entfernt warten Cafés, Kneipen und Restaurants auf Gäste. Im *Caffe Cuba (Obala | Mobiltel. 069 03 43 63)*, das im Innern mit Bildern von Che Guevara und Fidel Castro geschmückt ist, lässt es sich entspannt Mojito oder Latte macchiato schlürfen. Direkt neben dem Strand können Sie sich auf alten Bänken unter Bäumen niederlassen – eine schöne Alternative zu den Sonnenliegen am Strand für 10 Euro. Der Blick aufs Meer ist der gleiche. Die zwei kleinen *Klöster* der Stadt (14. und 15. Jh.) sind nachts besonders schön beleuchtet. Auf der vorgelagerten Insel *Sv. Neđelja* steht eine Kirche. Ein Seemann soll sie hier aus Dankbarkeit für seine Rettung aus dem Meer gebaut haben. Ausflugsboote fahren täglich dorthin.

Wie viele andere Küstenorte in Montenegro ist auch Petrovac in der Hauptsaison überfüllt. Am schönsten – und auch viel billiger – ist es hier im Mai und Juni zur Ginsterblüte oder im September, wenn das Wasser fast lauwarm ist.

SEHENSWERTES

KASTEL LASTVA

Die am westlichsten Rand der Bucht von Petrovac gelegene Trutzburg gab der Stadt bis zum Ende des Ersten Weltkriegs ihren Namen. *Eintritt frei*

ESSEN & TRINKEN

CASTIO

Dana Đukovič-Kučko hat im Münchener Mövenpick von der Pike auf das Kochen und Servieren gelernt. Als sie nach fast 30 Jahren wieder nach Petrovac zurückkehrte, eröffnete sie auf der Promenade ihren Genusstempel mit nur sechs Tischen und benannte ihn nach dem alten Namen der Stadt. Viele ihrer Gäste kommen aus dem fernen München, darauf ist sie besonders stolz. Fisch in allen Varianten ist ihre Spezialität. *Obala | Tel. 033 46 11 32* | €€

FORTUNA

Was dieses Lokal unter den anderen an der Uferpromenade besonders macht, ist nicht nur das ausgezeichnete Essen, sondern auch eine „Decke" aus den Blättern der Gummibäume, die im Garten wachsen. Dazu gibt es den Blick aufs Meer. Empfehlenswert und erstklassig sind Filetsteak und Pasta. *Obala | Mobiltel. 069 65 50 00 | www.facebook.com/fortunapetrovac* | €€

LAZARET

Das Lokal an der Promenade, gleich neben der Festung, hat nicht nur Internet, sondern auch die die beste Pizza von ganz Petrovac. *Obala | Mobiltel. 069 02 61 57* | €

INSIDER TIPP LESKOVAČKI ĆEVAP

Ćevap ist der Oberbegriff für Grillspezialitäten vom Balkan, Leskovac eine Stadt im Süden Serbiens, die berühmt ist für ihre *ćevapčići* (Fleischröllchen), *pljeskavica* (Hacksteak) und *ražnjići* (Grillspieße). Jeden Sommer kommt ein Grillmeister von Leskovac nach Petrovac und beglückt die Kundschaft mit ausgezeichneten Produkten, die vor ihren Augen zubereitet werden. Das Restaurant ist leicht zu finden, folgen Sie einfach auf der Promenade Ihrer Nase. *Obala* | €

STRAND

LUČICE

Am östlichen Ortsausgang von Petrovac, am Hotel Rivijera vorbei, befindet sich der rund 250 m lange und 30 m breite Kiesstrand, hübsch umrandet von zwei hohen, grün bewachsenen Hängen.

ÜBERNACHTEN

PALAS

In den 1970er-Jahren quartierten die großen deutschen Reiseunternehmen hier Pauschaltouristen ein, und so soll es in Zukunft auch wieder werden. Geräumige Zimmer mit Balkons und ein Swimmingpool, nur durch die Uferstraße vom Strand getrennt. *171 Zi. | Obala | Tel. 033 42 11 00* | €€

HOTEL PETROVAC

Das fünfstöckige Gebäude ist geschmackvoll eingerichtet und liegt nur fünf Minuten Fußweg von Strand, Bank und Supermarkt entfernt. Die Preise sind auch in der Hochsaison moderat. *17 Zi. | Medinski krš | Tel. 033 46 18 32 | www.hotelpetrovac.me* | €€

INSIDER TIPP RIVIJERA

Etwas versteckt am Ostende der Bucht ist eines der schönsten Hotels des Landes entstanden: Großzügige, modern gestaltete Zimmer und viel Grün vor den beiden Trakten des Hauses laden zu richtig entspannten Stunden ein. Und bis zum Strand sind es nur 50 m. *49 Zi. | Obala | Tel. 033 42 21 00 | www.hotel-rivijera-montenegro.com* | €€€

INSIDER TIPP VUKSANOVIĆ APARTMENTS

Das Besondere an diesem Haus im bergigen Teil von Petrovac: Die freundlichen und zuvorkommenden Wirtsleute sprechen Deutsch. Branka und Dragan haben lange in Hamburg gewohnt, ihre Kinder leben heute noch in der Schweiz und in Deutschland. Die fünf Apartments unterschiedlicher Größe – bis zu drei Zimmer – sind mit deutschen Möbeln ausgestattet. Die großen Terrassen haben teilweise Meerblick, außerdem gibt es Grillmöglichkeiten im Garten sowie WLAN und Kabel-TV. *5 Apts. | Medinski krš | Tel. 033 46 18 79 | www.montenegro.ch* | €–€€

Auf einem Felsen wacht das Kastel Lastva über Petrovac na Moru und seine Bucht

AUSKUNFT

Petrovac hat kein eigenes Tourismusbüro. Informationen gibt das Büro in Budva.

ZIELE IN DER UMGEBUNG

BULJARICA ★ (129 E6) *(🕮 N6)*

Eine Seltenheit in Montenegro ist die lang gestreckte, hotelfreie Bucht, 2 km südlich von Petrovac. Die unterirdischen Quellen haben bis jetzt die Bebauung von Buljarica verhindert, die Trockenlegung des Bodens wäre viel zu teuer. So glitzert der 2 km lange Kiesstrand in seiner vollen Schönheit in der Sonne. Das gleichnamige Dorf liegt unterhalb der Küstenstraße und ist von einem grünen Pflanzenmeer umgeben. Wer sich hier eine Unterkunft nimmt, läuft etwa zehn Minuten bis zum Strand und kann sich über die freundlichen Wirtsleute und niedrigen Preise freuen. Vier günstige Apartments bietet etwa *Studio Apartmani Đuković (Mobiltel. 069 810003 | €)* an. Im Olivenhain, nah am Meer, liegt der Zeltplatz *Camping Maslina (Tel. 033 461215 | www.campingmaslina.com)*, dessen Chef Mischo Deutsch spricht. Direkt am Wasser gibt es einige Kneipen und kleine Pensionen. Im INSIDER TIPP *Savojo Hotel (4 Zi., 4 Apts. | Tel. 033 461876 | www.hotelsavojo.com | €€)*, ebenfalls direkt am Meer gelegen, wird Gesundheit großgeschrieben: Der Besitzer ist Sportmediziner, sein Sohn Chiropraktiker, und beide zusammen bieten ein Physiotherapieprogramm am Strand an. Außerdem gibt es Bioprodukte und Wein aus dem eigenen Keller. Die am Wasser stündlich wechselnden Winde tragen ein Übriges zur körperlichen Erholung bei, denn sie tun Ihrer Lunge gut.

SUTOMORE (130 A4) *(🕮 O7)*

Der Name des 13 km von Petrovac entfernten Orts (2000 Ew.) leitet sich vom italienischen *sotto mare* ab und bedeutet soviel wie „das untere Meer". Der 1,2 km lange Sandstrand blieb vom Tourismus unberührt, bis in den 1960er-Jahren zwei Hotels eröffneten. Die beliebtesten Gäste waren deutsche Pauschaltouristen, die keine hohen Ansprüche stellten. Wind und Wasser reichten aus, um die Mängel der sozialistichen Plattenbauten zu vergessen. Heute gibt es in Sutomore unzählige günstige Unterkünfte, kleine Hotels und Apartmenthäuser stehen bis unterhalb der Küstenstraße. Ruhige Nächte haben Sie allerdings nur oben auf dem Berg, denn der ganze Strand ist – wie so oft in Montenegro – eine einzige Musikmeile, auf der jede Kneipe ihren eigenen Musikstil pflegt. Und zwar sehr laut. Angenehm ist das *Hotel Lovćen (180 Zi. | Tel. 030 374444 | €€)*. Ein sehenswertes Kulturdenkmal in Sutomore ist die mittelalterliche *Kirche der heiligen Tekla*. Hier stehen ein orthodoxer und ein katholischer Altar als Zeichen der Toleranz nebeneinander. In den Sommermo-

LOW BUDG€T

Ekspres restorani, Selbstbedienungsrestaurants, waren schon unter Tito beliebt: Hier konnte man im Urlaub günstig speisen. Heute noch gibt es in fast jedem Touristenort ein Schnellrestaurant, wo Sie für wenig Geld satt werden – so auch in Budva. Es befindet sich im ehrwürdigen *Hotel Mogren (49 Zi. | Slovenska obala 2 | Tel. 033 451102 | www.mogrenhotel.com)* am Eingang zur Altstadt.

In der Metzgerei *Mesara (Jadranski put | vor der Tankstelle | Budva)*, dem „Schlachthof", können Sie sich Ihre gerade gekauften Rinderfiletstücke kostenlos grillen lassen.

naten, vor allem an den Wochenenden, ist der Ort überlaufen, denn dann wandert ganz Podgorica an die Adriaküste aus.

ULCINJ (ULQIN)

(131 D6) (*R8*) **Nirgendwo anders an der Ostadria sind die Strände so lang und sandig wie um Ulcinj (12 000 Ew.), den südlichsten Küstenort Montenegros.** Seit Menschengedenken schwemmt das Meer hier an Salzen reichen Sand an, der durch die Erosion von Quarzfelsen entsteht und über den Lauf des montenegrinisch-albanischen Grenzflusses Bojana an die Küste gelangt.

Neben seinen Stränden besticht Ulcinj mit orientalischem Charakter. Vom Mittelalter an siedelten hier Zuwanderer aus dem slawischen Zeta sowie von Süden gekommene Albaner, die heute mehr als drei Viertel der Bevölkerung stellen.

SEHENSWERTES

GRADSKI MUZEJ (STADTMUSEUM)

Das im früheren türkischen Gefängnis untergebrachte Museum zeigt viele Zeugnisse der Stadtgeschichte, so etwa alte muslimische Grabsteine und türkische Kanonenkugeln. *Tgl. 9–20 Uhr | am Westtor der Altstadt | Eintritt 1 Euro*

STARI GRAD (ALTSTADT)

Die Fundamente der hoch über dem jüngeren Teil von Ulcinj thronenden Altstadt sind illyrischen und griechischen Ursprungs und wurden später von byzantinischen, türkischen und venezianischen Bewohnern und Eroberern immer wieder verändert. Die zyklopischen Mauern der alten *Zitadelle* erzählen vom Glanz der

Schmale Gassen führen durch die hoch gelegene Altstadt von Ulcinj

einstigen Seefahrerstadt, die schon im 2. Jh. v. Chr. von den Römern übernommen wurde und den Namen Olcinium erhielt. Der *Balšić-Turm (Balšića kula)* wiederum stammt aus der Zeit des mittelalterlichen Staats Raška.

ESSEN & TRINKEN

Viele Albaner haben sich erfolgreich der Gastronomie gewidmet, und so kann man zwischen der traditionellen Balkanküche *(ćevapčići* und *ražnjići)* und gutem

Fischangebot wählen. Ob im *Aragosta (Mobiltel. 069 312578 | €€–€€€)* mit Blick auf den Hafen oder in der Altstadt im *Antigona (Mobiltel. 069 533591 | €€–€€€)* oder *Teuta (Tel. 030 421422 | €€–€€€)* mit seiner 130 m² großen Terrasse, das Preis-Leistungs-Verhältnis stimmt. Am Großen Strand, Velika plaža, können Sie in zahlreichen Bars und Pizzerien gut und günstig essen.

FREIZEIT & SPORT

Ulcinj ist wegen der heftigen Winde ein idealer Standort für Surfer und Kitesurfer. Die meisten Anbieter finden Sie am Großen Strand. Im Bojanadelta legen die Fischer noch immer auf traditionelle Weise ihre Netze aus, und Sie können dabei sein.

STRÄNDE

STADTSTRÄNDE

Gradska plaža, der Stadtstrand, auch *Mala plaža* (Kleiner Strand) genannt, ist meist überlaufen. Bei den Klippen links vom Sandstrand liegen mehrere kleine Strände mit tiefem Wasser. Im Schatten der Zypressen ist ein kleiner FKK-Strand versteckt, ebenso wie der überaus beliebte Frauenstrand, *Ženska plaža.* Schwefel, Radium und Meeressalzen wird hier heilende Wirkung zugeschrieben.

VELIKA PLAŽA (GROSSER STRAND) ★ ●

Copacabana und Tropicana heißen Teile des längsten Strands von Montenegro, der sich über 12 km bis zur albanischen Grenze zieht. Ein Traum für kleine Kinder, die im seichten Wasser planschen können.

ÜBERNACHTEN

Ulcinj wirbt mit großen Campinganlagen, jedoch genügen die Plätze selten mitteleuropäischen Standards. Es kann sogar günstiger sein, privat zu wohnen, denn Sie finden auch während der Hochsaison Betten für unter 10 Euro pro Nacht.

KULLA E BALSHAJVE

Die neuen, albanischen Betreiber des Hotels im alten Balšić-Turm haben seinen Namen in ihre Muttersprache übersetzt und die kleine, feine Unterkunft noch einmal aufgemöbelt. Der Turm thront über der Altstadt, das Panorama ist einmalig. *19 Zi. | Stari grad | Tel. 030 414041 | www.hotelkullaebalshajve.com | €€–€€€*

LION

In der Mitte des Großen Strands, in der Siedlung *Štoj,* abseits von den engen Gassen der Ulcinjer Altstadt und umgeben von Sand, Wind und Wellen, besticht

GEGEN DEN STROM

Weil ihr großer Zufluss Drim am Ende des Winters von der Schneeschmelze in den albanischen Bergen mächtig anschwillt, schafft es die Bojana nicht mehr, ihre Richtung zu halten: Statt vom Skutarisee in die Adria fließt der montenegrinisch-albanische Grenzfluss nun flussaufwärts. Den Fischern, die im Delta der Bojana ihre hoch gespannten Netztrapeze über dem Wasser hängen haben, kann es nur recht sein: Fette Fänge sind garantiert.

das Hotel Lion mit einer geschmackvollen Einrichtung und attraktiven Preisen. *25 Zi. | Tel. 030 457156 | www.hotellion-ul.com |* €€

INSIDER TIPP **VILA TAMARA**
Tamara Strugar spricht Deutsch und kümmert sich persönlich um ihre Gäste. Das kleine Haus liegt oberhalb des Stadtstrands, der Blick auf Alt-Ulcinj und die untergehende Sonne ist einmalig. Die zwei Apartments der Vila Tamara, in denen jeweils bis zu sechs Personen Platz finden, sind umgeben von einem kleinen Garten voller Agaven und Oleander. *Ivana Milutinovića | Mobiltel. 069 465747 (Juni–Okt.), Tel. in Belgrad 00381 11 2774770 (Nov.–Mai) |* €

AUSKUNFT

Đerđ Kastrioti Skenderberg bb | Tel. 030 412335 | www.ulcinj.travel

ZIEL IN DER UMGEBUNG

ADA BOJANA (131 F6) *(S8)*
Die im Delta des albanisch-montenegrinischen Grenzflusses 16 km östlich von Ulcinj gelegene Insel ist nur durch eine Brücke mit dem Festland verbunden. Fans der Freikörperkultur finden hier den **INSIDER TIPP** längsten FKK-Strand Montenegros. Die Hotelanlage *Ada Bojana (250 Zi. | Tel. 030 411351 |* €–€€*)* verfügt über einfache, aber günstige Zimmer, die meisten sind mittlerweile renoviert. Auch Campingplätze gibt es auf der Insel. Nichts ist perfekt auf Ada Bojana, doch trotz der mäßigen Übernachtungsmöglichkeiten hat sie sich zum Paradies für naturverbundene und sportbesessene Touristen gemausert. Zudem schaffen Wind, Wasser und Sonne ideale Voraussetzungen für Kitesurfer. Weitere Informationen hierzu unter *www.kiteloopcenter.com*.

Wie in alten Zeiten wird im Bojanadelta noch mit solchen Netzen gefischt

CETINJE, PODGORICA & SKUTARISEE

Der Weg von Kotor nach Cetinje bietet einen der schönsten Ausblicke Europas. In kürzester Zeit bewältigen Sie 1000 m Höhenunterschied, müssen dazu allerdings auch 30 Haarnadelkurven passieren.

Wie auf dem Präsentierteller liegt die Bucht von Kotor, umgeben von den karstigen Bergen des Lovćengebirges. Auch von Norden aus, von Nikšić, Danilovgrad oder der bosnischen Grenze und Grahovo gibt es alte Straßen nach Cetinje. Man könnte getrost einen Satz über eine andere berühmte Stadt abwandeln: Alle Wege führen hierher. Das über 100 Jahre alte Straßennetz zeigt, wie wichtig die Stadt für die Einheimischen war und heute noch ist: Sie wurde Ende des 19. Jhs. die erste Hauptstadt des neuen Staats, nachdem die freiheitsliebenden Montenegriner jahrhundertelang gegen die Osmanen gekämpft hatten. Heute ist das lebendige Podgorica die Hauptstadt Montenegros, und hier liegt auch das Zentrum für Politik, Business und Kultur. Wie der Weg über das Lovćengebirge in die ehemalige Kapitale ist auch die Autofahrt auf der alten Straße von Cetinje nach Podgorica ein Highlight für sich: Dort unten in der Ebene schimmert der Skutarisee grün und dunkelblau in der Sonne. Am größten See der Balkanhalbinsel nisten Hunderte Vogelarten. Er ist auch ein unerschöpfliches Nahrungsmittelreservoir für die Anwohner, die noch bis vor wenigen Jahrzehnten fast völlig abgeschnitten von den Küstenstädten waren und von der Fischerei lebten.

 Bild: Lovćen-Nationalpark

Prächtige Botschaftsbauten und kleine Fischerdörfer: von der alten Hauptstadt ins Naturparadies am größten See des Balkans

CETINJE

KARTE IM HINTEREN UMSCHLAG

(128 C3–4) (*L–M4*) **Die historische Hauptstadt ★ Cetinje (15 000 Ew.) ist ein großes Freilichtmuseum.**

Vor allem die Jahre der ersten Unabhängigkeit Montenegros nach dem Berliner Kongress 1878 haben Spuren hinterlassen: Überall in der Stadt finden sich die Botschaften der Großmächte jener Zeit, die hier ihre Kontakte zu König Nikola I. pflegten. Der verschaffte dem kleinen Land durch das geschickte Verheiraten seiner Töchter an die Höfe des alten Kontinents so viel Einfluss, wie es später nie mehr haben sollte. Die Geschichte der auf einem kargen Karstfeld gebauten Gemeinde reicht zurück bis ins 15. Jh., als der erste Herrscher Montenegros, Ivan Crnojević, auf dem Rückzug vor den Türken hier seinen Sitz nahm. 1484 ließ der geistliche und politische Führer das Kloster von Cetinje errichten. Ende des 19. Jhs. bekam die verträumte Künstlermetropole ein neues Gesicht, das sie sich bis heute bewahrt hat: flache Häuser und gerade Straßenzüge, gesäumt von Linden und Akazien.

wurde: Auf Eselsrücken wurde dieser zu Beginn des 19. Jhs. die steinige Straße von Kotor hinauf gebracht. *Trg Novice Cerovića | Eintritt 3 Euro*

Diese Mauern bewahren das Nationalepos und einen berühmten Billardtisch: Biljarda

SEHENSWERTES

In der zentralen Verwaltung der Museen im *Regierungshaus (Vladin dom)* bekommen Sie günstige Sammeltickets für 10 Euro, die zum einmaligen Besuch von Kunstgalerie, Njegoš-, König-Nikola- und Historischem Museum berechtigen. Die Öffnungszeiten der Museen sind, sofern im Folgenden nicht anders angegeben: *April–Okt. Mo–Sa 9–17, Nov.–März 9–16 Uhr | www.mnmuseum.org*

BILJARDA (NJEGOŠ-MUSEUM)

Die ehemalige Residenz des Dichterfürsten Petar Njegoš beherbergt neben Büchern aus seiner Bibliothek und eigenen Schriften – darunter das Manuskript des „Bergkranzes" – auch den Billardtisch, nach dem das Gebäude später benannt

BOTSCHAFTSGEBÄUDE

Die Anerkennung Montenegros als souveräner Staat 1878 verschaffte Cetinje enormen Zuwachs an internationaler Bedeutung. Viele diplomatische Vertretungen waren in der Stadt ansässig. Besonders eindrucksvoll sind die Botschaften der damals wichtigsten europäischen Großmächte Frankreich *(Njegoševa)*, Russland *(Vuka Mićunovića)*, England *(Trg Novice Cerovića)* und Österreich-Ungarn *(Pivljanina)*.

CRKVA NA ĆIPURU (SCHLOSSKAPELLE)

Die kleine Kapelle wurde 1886 auf den Gemäuern des zerstörten historischen Klosters errichtet. Sie beherbergt heute die Särge mit den sterblichen Überresten von König Nikola I. und Königin Milena. *Dvorski trg*

CRNOGORSKA GALERIJA UMJETNOSTI MIODRAG DADO ĐURIĆ (KUNSTGALERIE)

Das ehemalige Kaufhaus Trgopromet, ein geradliniger Bau und ein Prachtstück der sozialistischen Architektur beherbergt heute die moderne Kunst des Landes in all ihren Spielarten: Skulptur und Malerei, Happenings, Performances sowie digitale und intermediale Werke. Namenspate der Kunstgalerie ist der bekannteste montenegrinische Maler Dado Đurić. Neben einheimischen werden auch ausländische Künstler gezeigt, und es stehen Konzerte und Gesprächsrunden auf dem Programm. *April–Okt. Di–So 10–14, 17–21, Nov.–März Di–Sa 10–17 Uhr | Njegoševa | Eintritt 4 Euro*

ETNOGRAFSKI MUZEJ (ETHNOGRAFISCHES MUSEUM)

Untergebracht ist das Museum in der früheren serbischen Botschaft. Es zeigt, was Montenegros Gang durch die Jahrhunderte begleitete: Waffen, Trachten und Werkzeuge für den Ackerbau. *Trg Novice Cerovića | Eintritt 3 Euro*

MUZEJ KRALJA NIKOLE (KÖNIG-NIKOLA-MUSEUM)

Seit 1926 ist das einstige Schloss ein Museum. Parade-, Jagd- und Trophäenwaffen des Herrschers zieren das Erdgeschoss. Im ersten Stock bietet ein Rundgang durch die mit Originalmöbeln und -bildern ausgestatteten Wohn- und Arbeitsräume Einblick in das Leben von König Nikola. *Trg Novice Cerovića | Eintritt 5 Euro*

PLAVI DVORAC (BLAUES SCHLOSS)

Herrlich gelegen im Stadtpark, leuchtet das einstige Wohnhaus von Fürst Danilo in strahlendem Blau. Das Ende des 19. Jhs. entstandene Gebäude diente später als Vorbild für andere Schlösser der Herrscherfamilie in Montenegro. Heute residiert der Staatspräsident im Blauen Schloss. *Njegoševa*

UMJETNIČKI MUZEJ CRNE GORE (KUNSTMUSEUM)

Werke der klassischen und modernen jugoslawischen und montenegrinischen Kunst werden im alten Regierungsgebäude (Vladin dom) gezeigt. Die Sammlung reicht zurück bis ins 17. Jh. Höhepunkt der Ausstellung ist die in der Blauen Kapelle untergebrachte *Ikone der Muttergottes von Philermos,* der Schutzherrin des Malteserordens. Das goldene Bildnis ist eines der bedeutendsten Heiligtümer des Christentums. Es soll vom Evangelisten Lukas gemalt worden sein. *Novice Cerovića | Eintritt 4 Euro*

VLAŠKA CRKVA (WALLACHENKIRCHE)

Das älteste Gebäude der Stadt – es stammt aus dem Jahr 1450 – ist nach

MARCO POLO HIGHLIGHTS

★ **Cetinje**
Die alte Hauptstadt mit ihren historischen Botschaften ist ein großes Freilichtmuseum → S. 65

★ **Lovćen Nacionalni park**
Vom Wahrzeichen des Landes reicht der Blick bis über die Adria nach Italien → S. 68

★ **Njeguši**
Weltberühmt ist der luftgetrocknete Schinken, der aus dem Dorf kommt → S. 68

★ **Skadarsko jezero (Skutarisee)**
Unzählige Vogelarten und riesige Fischschwärme – die Natur zeigt ihren Reichtum → S. 72

den Viehhirten benannt, die hier in der Gegend ihre Herden grasen ließen. Der Legende nach sollen sich unter den zwei Grabsteinen vor der Kirche die Gebeine des Räuberhauptmanns Bajo Pivljanin und seiner Frau befinden, die bei der Verteidigung Cetinjes gegen die Türken ums Leben kamen. *Bajova*

ZETSKI DOM (KÖNIGLICHES THEATER)

Das im Herzen Cetinjes gelegene Gebäude beherbergte früher die nach dem Berliner Kongress neu entstandenen Kulturinstitutionen Montenegros: Museum, Bibliothek und Theater. Zu besichtigen ist es heute nur von außen. *5. Proleterske brigade*

ESSEN & TRINKEN

BELVEDER

Der Blick von der Terrasse des Restaurants, das 1888 als Kaffeehaus eröffnet wurde, reicht über den Skutarisee bis nach Albanien. Probieren Sie unbedingt das leckere, unter dem *sač* gegarte Lammfleisch. *Magistralni put E 80 bb | Tel. 067 569217 |* €

ÜBERNACHTEN

GRAND

Beim Erdbeben 1979 wurde das ursprüngliche Hotelgebäude zerstört. Das auf dem Gelände errichtete neue Haus konnte zwar nie wieder den Glanz alter Tage erlangen. Die holzvertäfelten Zimmer, Sauna und Swimmingpool machen den Aufenthalt dennoch sehr angenehm. *202 Zi. | Njegoševa | Tel. 041 23 16 51 | www.hotelgrand.me |* €€

AUSKUNFT

Njegoševa 39 | Tel. 041 23 02 50 | www.cetinje.travel

ZIELE IN DER UMGEBUNG

LOVĆEN NACIONALNI PARK ★

(128 A–C 3–4) (*L4–5*)

Auf dem zweithöchsten Berg des Lovćen-Massivs, dem Jezerski vrh (1660 m), ruht der Dichterfürst Montenegros in einem überdimensionierten Grabmal. Das ● *Njegoš-Mausoleum (Mai–Sept. tgl. 8–18 Uhr | Eintritt 3 Euro)* bewachen zwei riesige Frauenfiguren aus schwarzem Marmor und eine ebenso große Njegoš-Figur. Ein Mosaik aus 20 000 vergoldeten Plättchen ziert die Decke im Innenraum. Von Njeguši aus führt ein markierter Wanderweg auf den Gipfel, der Aufstieg dauert gut vier Stunden, der Rückweg etwa dreieinhalb Stunden. Mit dem Auto fahren Sie von Cetinje 20 km auf einer schmalen, asphaltierten Straße auf den Gipfel. Dort angekommen, müssen Sie noch 461 Treppenstufen überwinden, bevor Sie den grandiosen Blick auf Montenegro genießen können. Tief einatmen und einmal den Blick rundherum schweifen lassen – über die Bucht von Kotor, den Skutarisee und bis nach Albanien!

NJEGUŠI ★

(128 A4) (*L4*)

Der Geburtsort (200 Ew.) von Dichterfürst Petar Njegoš liegt 23 km von Cetinje entfernt auf dem Weg zur Bucht von Kotor. Wegen einer speziellen Räuchertechnik hat der Schinken der Bauern aus dem Dorf einen Ruhm erlangt, der weit über die Grenzen Montenegros hinausreicht. Auch geräucherten Käse, Wein und selbst gebrannten Schnaps können Sie hier kaufen – achten Sie auf die Hinweisschilder *(pršut, sir, vino, rakija)*. Njegoš' Geburtshaus ist nur im Sommer geöffnet und liegt, ebenfalls ausgeschildert, direkt an der Hauptstraße. *Kod Pera Na Bukovicu (Tel. 069 05 50 21 | www.kodpera.com |* €–€€*)*, die älteste

Gaststätte in der Gegend, serviert all die einheimischen Leckereien – und Sie haben garantiert einen tollen Blick auf den Lovćen.

OBOD (129 D4) (*🕮 N5*)
Auf einem kleinen Hügel gegenüber von Rijeka Crnojevića, 18 km von Cetinje entfernt, liegt das Dörfchen Obod (200 Ew.). Eine orthodoxe Kirche und ein paar alte Steinhäuser stehen heute noch hier, Menschen sind kaum zu sehen. Für die Montenegriner hat der unscheinbare Ort große historische Bedeutung: 1475 zog sich Prinz Ivan Crnojević mit seinem Gefolge vor den Türken vom Skutarisee nach Obod zurück. Nur wenige Jahre nach Erfindung des Buchdrucks durch Johannes Gutenberg gründete sein Sohn Đurađ 1493 hier die erste Druckerei in Südosteuropa, die später nach Cetinje verlegt wurde. Das erste in kyrillischer Schrift gedruckte Buch entstand in Obod. Mit der Flucht Đurađs nach Venedig galt die türkische Eroberung des Landes als abgeschlossen.

RIJEKA CRNOJEVIĆA (129 D3) (*🕮 N4*)
Der alte Weg von Cetinje nach Podgorica belohnt Sie mit herrlichen Ausblicken auf den Skutarisee und den Fluss, der ebenfalls Rijeka Crnojevića heißt. Er schlängelt sich wunderschön grün in den See hinein. Im winzigen Ort, 16 km östlich von Cetinje gelegen und einst Sitz des Herrschers Ivan Crnojević, führt eine sehenswerte alte Brücke, *Stari most,* über den Fluss. Gut essen können Sie im Restaurant *Mostina (Mobiltel. 069 84 33 17 | €€–€€€).*

PODGORICA

KARTE IM HINTEREN UMSCHLAG
(124 C5) (*🕮 O2*) **Spätestens am frühen Abend ist klar, wo das Zentrum der Hauptstadt (140 000 Ew.) liegt: Aus der Zone zwischen Freiheitsstraße (Slobode) und Marka Miljanova sind ab 17 Uhr alle Autos verbannt.**
Dann gehört das Areal in der Nähe von Parlament und Nationaltheater den Flaneuren. Und auch sonst gilt: Wer hier länger als nur zur Durchreise verweilt, lernt schnell, zweimal hinzuschauen. Auf der Rückseite der endlosen Häuserblocks am Bulevar Sv. Petra Cetinjskog etwa tun sich auf einmal Dutzende Basketball und Fußball spielende Kinder zusammen, und Podgorica avanciert zur Hauptstadt der großzügigen Parkanlagen. Außerdem strömen zwei Flüsse, Morača und Ribnica, mitten durch die Stadt, vier

Lassen Sie sich diese Spezialität nicht entgehen: Schinken aus Njeguši

London an der Morača? Podgorica gibt sich mit seiner eigenen Millennium-Brücke modern

weitere fließen in der unmittelbaren Umgebung vorbei – der Grund dafür, dass die erste namentliche Erwähnung auf Ribnica (*ribe* = Fisch) lautete, ehe die Stadt 1326 in Podgorica („am Fuß des Hügels") umbenannt wurde. Um den besonderen Einsatz der montenegrinischen Partisanen zu ehren, wurde die im fruchtbaren Zetatal gelegene Stadt im sozialistischen Jugoslawien Titograd getauft. Erst im Jahr 1992 erhielt sie den alten Namen zurück.

SEHENSWERTES

CENTAR SAVREMENE UMJETNOSTI

Im Zentrum für zeitgenössische Kunst Montenegros bekommen Sie einen guten Überblick zum Thema. Die Sammlung befindet sich im ehemaligen Winterschloss von König Nikola im Park Kruševac an der Morača, wo bis 1985 die Galerie der blockfreien Staaten untergebracht war. Und noch heute schmücken neben Gemälden aus Montenegro und den anderen früheren Teilrepubliken Jugoslawiens Bilder aus Bolivien, Ägypten oder Kuba die Wände des Kunstzentrums. *Mo–Fr 9–14, 16–21 Uhr | Kruševac bb | Eintritt frei*

GORICA

Vom Nordhügel haben Sie eine tolle Aussicht auf die Morača mit der Millennium-Brücke und auf das Stadion des FK Budućnost („Zukunft") Podgorica und können außerdem einen Blick in die schon im 12. Jh. errichtete Kirche *St. Georg (Sv. Đorđe)* werfen.

STARA VAROŠ

Der Fluss Ribnica bildet die Grenzlinie zwischen dem neuen *(nova)* und dem alten *(stara)* Stadtgebiet. Beim Ruf des Muezzins erwacht die Zeit der osmanischen Herrscher im Viertel Stara Varoš

CITY **WOHIN ZUERST?**
Stara Varoš: In der kleinen Altstadt rund um den osmanischen Uhrturm Sahat kula entdecken Sie das historische Podgorica. Stara Varoš ist vom Flughafen mit dem Auto in ca. 15 Minuten zu erreichen. Parkplätze finden Sie z. B. in der Straße Bratstva i jedinstva. Aus der Altstadt gelangen Sie zu Fuß auf der Kralja-Nikola-Straße in nur 15 Minuten zum prachtvollen Bulevar Svetog Petra Cetinjskog und mitten hinein in die moderne City mit viel Glas und Granit sowie Bars und Bistros.

zum Leben. Der Uhrturm aus dem 17. Jh., *Sahat kula*, ist eines der wenigen gut erhaltenen Beispiele islamischer Architektur. Er befindet sich am *Trg Bećir Bega Osmanagića*.

ESSEN & TRINKEN

INSIDER TIPP KUŽINA
In der unmittelbaren Nähe des Sahat kula liegt das Restaurant mit dem schlichten Namen „Küche". Zubereitet werden traditionelle Gerichte: Lammfleisch, das unter dem glutbedeckten Glockendeckel *sač* gegart wird, Zicklein vom Grill, montenegrinische Polenta und allerlei Süßspeisen gehören zu den Spezialitäten. *Trg Božane Vučinić 2 | Tel. 020 63 38 33 |* €–€€

INSIDER TIPP MANTRA
Indische Küche vom Frühstück bis zum Abendessen, ein kleiner Vorgarten, bunte Sofas und Kissen aus indischen Stoffen, indische Musik – beinahe vergisst man, dass man in Montenegro ist. Vegetarier und Veganer werden sich hier wohlfühlen. Es wird auch geliefert, sogar bis ins Hotelzimmer. *Ivana Milutinovića 21 | Tel. 020 242888 | www.mantrapodgorica.com |* €

AM ABEND

Wenn die Hitze des Tages aus der Stadt verschwunden ist, spielt sich das Leben zwischen den Straßen Stanka Dragojevića, Karađorđeva, Slobode und Hercegovačka ab. Hier liegen die meisten Bars und Kneipen, hier findet sich für jeden Geschmack etwas, sei es in der rustikalen Bierhalle *Pivnica (Stanka Dragojevića 12)*, in der hippen *Buda-Bar (Stanka Dragojevića 26)* oder im *Café Intercity (Njegoševa 40)*, das auch tagsüber angesagt ist. Im *Kino Kultura (Proleterske Brigade 1)* werden ausländische Filme in der Regel auf Englisch mit serbischen Untertiteln gezeigt.

ÜBERNACHTEN

Das Angebot an Businesshotels ist groß, da viele ausländische Firmen und Botschaften ihren Sitz in Podgorica haben. Daneben gibt es viele günstige Apartments, die meisten in der Innenstadt. So bieten etwa die Betreiber des Hotels garni *Piramida (10 Zi. | Ul. Nikole Tesle 26 | Tel. 020 611608 | www.hotelpiramida.me | €€)*, das etwas außerhalb liegt, im Zentrum gut eingerichtete Apartments *(€)* an.

INSIDER TIPP KERBER
Im Herzen der Stadt, wunderbar versteckt und doch nur zwei Minuten vom Trubel der Flaniermaile Sloboda entfernt, liegt das Hotel Kerber. Gegen einen Aufpreis wird Ihnen sogar eine Minisauna im Zimmer geboten. *20 Zi. | Novaka Miloševa 6 | Tel. 020 405405 | www.hotelkerber.me |* €€

LOVĆEN
Auf dem Weg vom Flughafen in die Stadt, 2 km von Podgorica entfernt, sind Gast, Hund und Katze willkommen. Die Preise sind moderat. Es gibt Internet, TV und einen großen Parkplatz. *22 Zi. | Tel. 020 62 52 19 | www.hotellovcen.co.me | €€*

AUSKUNFT

Ul. Slobode 67 | Tel. 020 66 75 35 | www.podgorica.travel

ZIELE IN DER UMGEBUNG

DUKLIJA (124 C5) (*🗺 O2*)
Die erste von den Römern eroberte illyrische Stadt liegt nur etwa 3 km nördlich von Podgorica, in der Nähe des Dorfs Rogami, und hat neben steinernen Überresten einer Therme und einer Basilika auch Spuren eines antiken Abwassersystems vorzuweisen.

VOGELLAND

Die landschaftliche Vielfalt Montenegros sorgt für einen Vogelreichtum, der in Europa seinesgleichen sucht. Allein am Skutarisee tummeln sich fast 300 verschiedene Arten, eine Viertelmillion Vögel aus Nordeuropa haben in dem Gebiet ihr Winterquartier. Pelikane sind am See genauso zu Hause wie die zweitgrößte Kormorankolonie Europas. Hier wie auch im Nationalpark Biogradska gora, in Durmitor, wo Ornithologen schon mehr als 100 Arten entdeckt haben, oder in den Sumpfgebieten um Ulcinj werden Beobachtungstouren organisiert. Ausführliche Informationen auf der Website *short.travel/mon9.*

INSIDER TIPP ŠIPČANIK
(124 C6) (*🗺 P3*)
10 km südlich der Hauptstadt, auf dem 2300 ha großen Čamovsko polje wachsen die besten Weine Montenegros. Der Weingigant Plantaže hat hier 30 m unter der Erde einen riesigen Weinkeller, der für Besucher geöffnet ist. Auch die Weinfelder können Sie besichtigen: Mit einem Minizug fahren Sie über die Ebene zwischen Millionen Rebstöcken hindurch. Neben den autochthonen Sorten Vranac (rot) und Krstač (weiß) gedeihen sehr guter Sauvignon, Chardonnay oder Cabernet unter der Sonne Montenegros. *Weinprobe 10–30 Euro | www.plantaze.com*

SKADARSKO JEZERO (SKUTARISEE)

(130–131 A–F 1–3) (*🗺 N–S 3–6*) **Weinbewachsene Vorgärten, verfallene Kirchen in den Tälern und weiß ummauerte Friedhöfe inmitten saftiger Weiden und fruchtbarer Felder: Die Anwohner des ★ Skutarisees leben im Einklang mit der Natur und von deren Reichtum.**
Über Jahrhunderte war das Gewässer umkämpft zwischen den rebellischen montenegrinischen Stämmen und den türkischen Eroberern. Heute verläuft die montenegrinisch-albanische Grenze mitten hindurch. Der nach seiner wichtigsten Stadt Skadar (albanisch: Shkoder) benannte See wird von unterirdischen Quellen gespeist. Deshalb hat er das ganze Jahr über die gleiche Temperatur, auch wenn an der Westseite das eiskalte Wasser der Morača einfließt. Er ist der größte See der Balkanhalbinsel. Im Frühjahr schwillt der Skutarisee wegen der Schneeschmelze auf über 500 km²

Naturparadies am Skutarisee: Wer will denn da bitte noch an die Adria?

an, im Herbst besitzt er immer noch eine Fläche von über 300 km². Kaum vorstellbarer Fischreichtum und eine Vogelvielfalt wie nirgendwo sonst in Europa machen ihn zum Paradies für Naturfans. Dass dieser Lebensraum schützenswert ist, erkannte man 1983: Der montenegrinische Teil des Sees wurde zum Nationalpark erklärt. Seit 2005 steht auch der albanische Teil unter Naturschutz.

Dieses einmalige Biotop, das atemberaubende Bilder fürs Fotoalbum liefert, ist wirklich einen Abstecher wert: Ibisse und Störche stochern im flachen Wasser, in vielen Farben schimmert der See, der bedeckt ist von Seerosen und anderen seltenen Pflanzen. An den Ufern duften Lorbeerwälder, und Kastanienbäume wachsen in die Höhe. Fjordartig schlängelt sich der Fluss Rijeka Crnojevića auf dem Weg zum See. Alte Fischerdörfer und Klöster, in denen schwarz gekleidete Nonnen stumm ihre Arbeit verrichten – das alles sind Bilder einer Welt, die höchstens zwei Stunden vom Touristentrubel an der Küste entfernt ist.

AUSKUNFT

Lake Skadar Visitors Centre | Virpazar | Tel. 020 879103 | npskadarsko jezero@nparkovi.me

ZIELE AM SKUTARISEE

BEŠKA ● (130 C2–3) (*Ⓜ P–Q6*)
Schwalben, Schlangen und Steine – das war die winzige Insel im südlichen Teil des Skutarisees bis 2004. Dann kamen die orthodoxen Nonnen und besiedelten das 300 Jahre lang verlassene Kloster. Seit einigen Jahren haben sie Strom, fließendes Wasser gibt es noch immer nicht. Die karge Insel duftet nach Rosmarin und Salbei, die Sonne brennt, die Nonnen beten und arbeiten bis spät in die Nacht. Und freuen sich, wenn Tagestouristen etwas Abwechslung in ihr monotones Leben bringen. Vor Ort angeboten werden zwei- und achtstündige Bootstouren. Die meisten Ausflugsboote fahren täglich morgens von Virpazar oder Murići ab. Infos gibt das Besucherzentrum in Virpazar.

MURIĆI (130 B3) (*P6*)
Von Virpazar führt eine kurvenreiche Straße durch die Berge in das Dorf. Die Gegend, die Sie durchqueren, wirkt wie eine Mondlandschaft, und links der Straße glitzert der Skutarisee. Hinter Murići

Das Denkmal in Virpazar ehrt die montenegrinischen Partisanen

geht der Weg weiter über den Berg Rumija (1584 m) nach Ulcinj und Ada Bojana. Wie in anderen Dörfern dieser Region stehen in Murići katholische Kirchen und Moscheen nebeneinander – viele der hier lebenden Albaner sind katholisch. Der Ort selbst liegt etwas höher in den Bergen, direkt am See gibt es einige Übernachtungsmöglichkeiten und Restaurants. Die Strecke Virpazar–Murići dient auch als Fahrradroute, Infos bekommen Sie im Besucherzentrum in Virpazar.

PLAVNICA (130 A–B1) (*P4*)
Am Nordufer des Skutarisees, im Dorf Plavnica, wurde eine ultramoderne Hotelanlage *(Plavnica Eco Resort | 4 Apts. | Tel. 020 443700 | www.plavnica.me | €€€)* errichtet, deren Luxusapartments die Namen der letzten montenegrinischen Prinzessinnen tragen. Von einer futuristischen Terrasse blicken die Gäste über einen großen Swimmingpool auf den See. Das Resort ist gleichzeitig Eventlocation – Konzerte, Fashionshows und Misswahlen finden hier statt.

VIRPAZAR (129 E–F5) (*O5*)
Dass das größte Städtchen (1000 Ew.) am montenegrinischen Ufer des Skutarisees über Jahrhunderte hinweg eine strategisch wichtige Position innehatte, sticht Reisenden sofort ins Auge. Es lag einst auf einer Insel – und war die letzte Bastion gegen die Türken. Folgt man dem schnurgeraden, in den 1970er-Jahren errichteten Bahndamm ein paar Kilometer Richtung Podgorica, zieht links die Festung *Lesendra (Eintritt frei)* vorbei, eine türkische Schutzburg, die die Eroberungen des Istanbuler Paschas sichern sollte. Heute verbinden zwei Brücken das Fischerstädtchen mit den Uferstreifen. Hinter der Brücke über die Crmnica erinnert das Partisanendenkmal an ein weiteres Stück Geschichte: Am 13. Juli 1941 begannen hier die von Titos Gefährten Milovan Đilas geführten montenegrinischen Kommunisten ihren Aufstand gegen die italienischen Faschisten.
Farbenfroh präsentiert sich freitags der Wochenmarkt, der dem Ort seinen Namen gab: Virpazar bedeutet so viel wie „lebendiger Markt“. In einem Sprachengewirr aus Montenegrinisch und Albanisch bieten Bäuerinnen und Fischer von Olivenöl über Karpfen bis zu Tomaten und Paprika Köstlichkeiten aus der Gegend an. Einige Naturprodukte kann

man bei Virpazar sogar selbst sammeln: Wer Richtung Rijeka Crnojevića fährt und die Landstraße kurz verlässt, findet unweit der Straße ● unzählige wild wachsende Kräuter wie Salbei, Rosmarin und Thymian. Ab Ende April, wenn Iris und Seerose in voller Blüte stehen, beginnt im Schilf am Ufer für die Vermieter von Ausflugsbooten die Saison. Am Ortseingang liegt das Hotel *Pelikan (8 Zi. | Tel. 020 711107 | www.pelikan-zec.com | €–€€)*. Sein uriges INSIDER TIPP *Restaurant (€–€€)* ist das älteste der Stadt. Lassen Sie sich die traditionell und mit metallenem Geschirr vom Ende des 19. Jhs. eingerichtete Küche im Dachgeschoss sowie die Feuerstelle zum Räuchern der Fänge aus dem See zeigen. Zu essen gibt es eine große Auswahl an Meerestieren aus den Gewässern der Adria.

ŽABLJAK (130 A1) *(🗺 O4)*

In dem verschlafenen, 23 km von Virpazar entfernten Weiler hat der Mythos der schwarzen Berge Montenegros vielleicht seinen Ursprung. Denn bevor die Osmanen begannen, dem Staatsgründer Ivan Crnojević und seinen Gefährten das Leben schwer zu machen, hatten diese auf der Trutzburg am Rand des Skutarisees ihren Stammsitz – ein Hort der Sicherheit inmitten der feindlichen Natur. Doch nachdem die türkischen Truppen Podgorica und Skadar eingenommen hatten, sahen sich die Angehörigen des Crnojević-Clans Ende des 15. Jhs. gezwungen, den in der leicht angreifbaren Ebene gelegenen Rückzugsort zu verlassen und sich ins Hochland von Obod und Cetinje aufzumachen. Ein Pfad führt in 15 Minuten zur gut erhaltenen ★ INSIDER TIPP *Burgruine (Eintritt frei)* hinauf. Von dort bietet sich ein atemberaubender Ausblick auf die Landschaft, die vor allem nach der Schneeschmelze im Frühjahr in herrlicher Blütenpracht schimmert. An der nordwestlichen Mauer erinnert ein Gedenkstein an die Schlacht von 1835, in der die Türken aus dem Städtchen vertrieben wurden.

FREIZEIT & SPORT

Wanderer und Radfahrer folgen der 3,5 km langen *Art-Tour*: Auf dem alten Müllerweg zwischen den Dörfern Poseljani und Smokovci begegnen Ihnen Werke montenegrinischer Bildhauer. Die Strecke können Sie bis Rijeka Crnojevića verlängern. Zwischen Virpazar und Rijeka verlaufen außerdem die Wege der *Weinstraße*. Angler und Vogelfreunde erkunden den See mit dem Boot. Besucherzentren in Vranjina, Murići und Rijeka Crnojevića geben Auskunft. Das Besucherzentrum in Virpazar verleiht auch Wanderausrüstung.

LOW BUDG€T

Der Sommerschlussverkauf dauert von Juni bis August. Vor allem, wenn Sie internationale Marken günstig ergattern wollen, lohnt sich der Besuch in den großen Einkaufszentren Podgoricas, wie *Delta City (Cetinjski put | www.deltacity.me)* oder *Mall of Montenegro (Bul. Save Kovačevića 74 | www.mallofmontenegro.com)*.

Das Dorf Medun nordöstlich von Podgorica gilt als „Hauptstadt" des Kuči-Clans, der viele Freiheitskämpfer hervorgebracht hat. Der Dichter Marko Miljanov hat die Historie seines Clans im 19. Jh. aufgeschrieben. In seinem ehemaligen Wohnhaus informiert ein *Museum (tgl. 9–19 Uhr | ● Eintritt frei)* über ihn und den Clan.

DER NORDWESTEN

Über 20 Zweitausender, mehr als ein Dutzend Gletscherseen und unzählige Quellen, Bäche und Flüsse: Wer sich auf Reisen begibt, um die Schönheit der montenegrinischen Bergwelt in vollen Zügen zu genießen, sollte am besten die Gegend zwischen Žabljak und Nikšić aufsuchen.

Der Nationalpark Durmitor bietet Bergwanderern unerschöpflich viele Routen – und im Winter zählen die Skipisten zu den besten Abfahrten auf der Balkanhalbinsel. Fast schon ein Muss auf der Montenegroreise ist eine Raftingtour auf der Tara, dem wilden Fluss des Nordens. Zu jeder Jahreszeit eine Augenweide: der Schwarze See (Crno jezero) nahe Žabljak und die Eishöhle Ledena pećina mit ihren Stalaktiten und Stalagmiten.

NIKŠIĆ

(124 B4) (*U13*) **Die zweitgrößte Stadt Montenegros (58 000 Ew.) stand historisch immer im Schatten von Podgorica und Cetinje.**

Nikšić war unter Tito als „Stadt des Stahls und des Biers" bekannt, jedoch blieb von der Stahlindustrie während der Jugoslawienkriege wenig übrig, und das berühmte Nikšićko pivo, das seit 1896 hier gebraut wurde, trank nun kaum noch jemand. Erst als die staatliche Brauerei verkauft wurde, ging es wieder bergauf, die Arbeitslosenzahlen gingen zurück. Spuren glanzvollerer Zeiten sind der Palast König Nikolas und die Ruinen der von den türkischen Eroberern im 15. Jh.

Bild: Đurđevića-Tara-Brücke

Das Land der tiefsten Schluchten und der höchsten Berge: Im Durmitorgebirge und im Taracanyon wartet das wilde Montenegro

gebauten Burganlage am Stadtrand, wo im Sommer Konzerte stattfinden und Theaterstücke gezeigt werden.

SEHENSWERTES

SV. VASILIJE OSTROŠKI (ST.-VASILIJE-KIRCHE)

Das 1900 geweihte Gotteshaus befindet sich neben dem Königspalast. Es wurde zu Ehren der Soldaten aus der Gegend errichtet, die 1878 im Kampf gegen die Türken gefallen waren.

UTVRĐENJE (FESTUNG)

Die rund 200 m lange, gut erhaltene Festung an der westlichen Zufahrt nach Nikšić errichteten die osmanischen Herrscher im 16. Jh. Von Juni bis September dient sie als Musik- und Schauspielbühne. *Eintritt frei an veranstaltungsfreien Tagen*

ZAVIČAJNI MUZEJ GRADA NIKŠIĆA

Das Heimatmuseum ist im ehemaligen Schloss von König Nikola untergebracht. Auf zwei Etagen erwecken hier Ausstellungsstücke aus dem 18. und 19. Jh. und insbesondere aus der Regierungszeit König Nikolas die Vergangenheit zu neuem Leben. *Tgl. 10–13, 17–20 Uhr | Trg Šaka Petrovića 1 | Eintritt 2 Euro*

ESSEN & TRINKEN

Im Zentrum der Stadt gibt es viele kleine Kneipen und Bistros. Abgesehen davon sind die wenigen guten Restaurants den Hotels, wie Trim oder Trebjesa, angeschlossen. Eine regionale Spezialität sind Schnäpse aus Äpfeln und Birnen.

FOREST

Moderne Einrichtung und gute Küche – das Café, ein Ableger der gleichnamigen Weinbar in Podgorica, wird in Nikšić vor allem wegen Balkanspezialitäten wie *ćevapčići* und *pljeskavica* geschätzt. Sie bekommen aber auch Pizza und Pastagerichte. *Ivana Milutinovića | Tel. 040 213766 | €–€€*

ÜBERNACHTEN

TREBJESA

Das kleine, aufwendig renovierte Hotel liegt ein wenig abseits der Innenstadt von Nikšić, dafür jedoch sehr idyllisch in einem Kiefernwald. *8 Zi. | Trebjesa | Tel. 077 200060 | www.hoteltrebjesa.me | €–€€*

Das in den Fels gehauene Kloster Ostrog gilt nicht nur orthodoxen Christen als Heiligtum

TRIM

Das Sporthotel bietet eine große Sporthalle, viele Trainingsgeräte, eine Sauna sowie INSIDER TIPP günstige Tennisplätze: Von 8 bis 12 Uhr zahlen Sie 3, bis 17 Uhr 5 Euro. Und nach dem Training essen Sie gut im Restaurant. *15 Zi. | Voja Deretica | Tel. 040 280460 | www.hoteltrim.com | €–€€*

AUSKUNFT

Ivana Milutinovića 10 | Tel. 040 212511 | www.niksic.travel

ZIEL IN DER UMGEBUNG

OSTROG ★ ● (124 C4) (*U13*)
Auf den ersten Blick wirken die Wände des kleinen Raums, in dem der Leichnam des heiligen Vasilije aufbewahrt wird, wie tätowiert: Direkt auf den Stein gepinselt sind Heiligenfiguren, die dem Erbauer des Klosters die letzte Ehre erweisen. 1665 ließ der damalige Metropolit der Herzegowina, Vasilije Ostrovski, das weiße Gebäude in den Fels hauen, nachdem er auf der Flucht vor den Türken seinen Stammsitz weiter westlich hatte aufgeben müssen. Später entwickelte sich der 22 km von Nikšić entfernte Fluchtort zur Pilgerstätte für Gläubige aus allen Teilen des früheren Jugoslawiens. Viele orthodoxe Familien lassen ihre Kinder noch immer hier taufen. Selbst Katholiken und Muslime betrachten den Ort als Heiligtum. 8 km von Ostrog entfernt an der Strecke Richtung Danilovgrad und Podgorica liegt das Motel INSIDER TIPP *Koliba Bogetići* (*Mobiltel. 067 88 81 89 | www.kolibe.me | €–€€*). Die traditionelle Küche dort ist hervorragend, der Service freundlich und die gute Luft betörend.

ŽABLJAK

(124 C2) (*V12*) **Die höchstgelegene Stadt (1450 m) Montenegros ist zugleich Zentrum von Gebirgstourismus und Wintersport – mit idealen Ausflugszielen in der unmittelbaren Umgebung.**
Im Zweiten Weltkrieg mehrfach zerstört, machen die typischen Berghäuser mit ihren steilen Dächern heute den Reiz der kleinen Gemeinde (2000 Ew.) aus. Doch wenn der Morgennebel über dem Schwarzen See aufsteigt und sich zwischen den Gipfeln des Bobotov kuk und der anderen Zweitausender verflüchtigt, kann man leicht vergessen, dass Menschen hier überhaupt schon ihren Fuß hingesetzt haben.

ESSEN & TRINKEN

DURMITOR
Das Brot wird im Haus gebacken, Lämmer und Schafe kommen, wie auch der Käse, aus den Dörfern Durmitors. Das Restaurant ist gut geeignet für größere Gesellschaften, die Platz auf der geräumigen Terasse finden. *Vuka Karadžića 5 | Mobiltel. 069 63 73 16 | €*

EINKAUFEN

Die provisorischen Marktstände, die auf den Gehsteigen verstreut waren, wurden aus Žabljak verbannt. In der neuen Markthalle werden nun täglich INSIDER TIPP Produkte aus den Bergen

MARCO POLO HIGHLIGHTS

★ Ostrog
Das weiße Felsenkloster ist ein wichtiges Heiligtum für orthodoxe Christen → S. 79

★ Durmitor Nacionalni park
Unberührte Natur in über 2000 m Höhe: Durmitor ist der schönste Nationalpark Montenegros → S. 81

★ Piva
Unzählige Fresken zieren die Wände des mittelalterlichen Klosters → S. 82

★ Tara
Lassen Sie sich beim Rafting durch den tiefsten Canyon Europas von den Stromschnellen mitreißen → S. 83

angeboten, aber auch Schuhe und Kleidung aus der ganzen Welt. Im Erdgeschoss verkaufen Bäuerinnen aus den umliegenden Dörfern bis zum frühen Nachmittag Käse, Kartoffeln und Kräuter wie auch dicke, selbstgestrickte Pullover aus der Wolle ihrer Schafe. Die erste Etage ist für Boutiquen, Buchläden und Bistros reserviert, die meist bis 20 Uhr geöffnet sind.

FREIZEIT & SPORT

Im Winter locken die Skigebiete um Žabljak. Sieben Lifte mit einer Gesamtlänge von 3900 m stehen zur Verfügung, eine Tageskarte kostet etwa 15 Euro. Im Sommer können Sie Raftingtouren, Jeepsafaris, Mountainbiking, Canyoningausflüge und Paragliding, aber auch Reit- oder Angeltouren, Wanderungen oder Ökotourismus-Angebote buchen. Der Nordwesten des Landes mit seiner imposanten, unberührten Naturlandschaft bietet für all diese Aktivitäten ideale Bedingungen. Die Auswahl der Anbieter ist riesig. Sie alle arbeiten mit hervorragenden einheimischen Guides, die jeden Stein in der Gegend kennen. Die Preise unterscheiden sich kaum. *Eco-Tours (Dunje Đokić | Mobiltel. 067 25 90 20 | www.eco-tours.co.me)* sitzt zwar in Kolašin im Nordosten, hat aber auch für den Nordwesten des Landes das beste Angebot.

LOW BUDG€T

Halten Sie unbedingt bei Bauern oder auf dem Bauernmarkt nach Käse von Schaf und Ziege Ausschau! Hier ist er besonders günstig.

Das Wort *pečenjara* bedeutet Grillbude. Lammkoteletts, Schweinshaxen oder *ćevapčići* und *pljeskavica* werden frisch zubereitet und günstig angeboten. In vielen Orten sind die Stände dank Knoblauchduft und Rauchschwaden leicht zu finden.

ÜBERNACHTEN

Die Hotels der sozialistischen Ära, einst für den Winterurlaub jugoslawischer Arbeiter in die Landschaft gestellt, haben den Systemwechsel nicht überlebt. Heute hausen im Jezera oder Planinka die Vögel, auf Touristen wartet stattdessen eine Reihe kleiner, preiswerter Häuser.

AUTOCAMP RAZVRŠJE

Laut Mišo Vojinović, dem Besitzer des Campingplatzes, darf jeder über 80, der mit einem Elternteil anreist, umsonst bei ihm wohnen. Für die meisten Gäste interessanter dürften die Sonderpreise sein, die er für verschiedene Besuchergruppen anbietet. In der Küche werkelt seine Mutter, backt Brot und kocht mit allem, was Felder und Wiesen der Region hergeben. Wer nicht im eigenen Zelt übernachten möchte, findet Unterkunft in einer der urigen Hütten. Vojinović hat außerdem diverse Touren im Angebot. *Mobiltel. 067 44 44 77 |* €–€€

MB HOTEL

Das liebevoll hergerichtete, in allen Zimmern mit Kiefernholz verkleidete Hotel ist das beste der Stadt. Gleiches gilt für das Restaurant, das fein zubereiteten Fisch aus Flüssen und Seen der Umgebung serviert – auch Gästen, die nicht hier wohnen. *22 Zi. | Tripka Đakovića | Tel. 052 36 16 01 | www.mbturist.com |* €

HOTEL SOA

Einer der neuen Wohntempel aus Glas und Granit, die Privatinvestoren in

Zügel festhalten, Alltag loslassen: Reiturlaub in der Nähe von Žabljak

Žabljak errichten. Schickes Design, moderne Möbel und der ungestörte Blick auf die Berge Durmitors sorgen für einen angenehmen Aufenthalt. *18 Zi. | Nacionalni park Durmitor | Tel. 052 36 01 10 | www.hotelsoa.com* | €€€

AUSKUNFT

Trg Durmitorskih ratnika 3 | Tel. 052 36 18 02

ZIELE IN DER UMGEBUNG

DURMITOR NACIONALNI PARK ★

(124–125 B–D 2–3) (*U–W 11–12*)

Der 1980 von der Unesco zum Welterbe der Menschheit erklärte Nationalpark Durmitor bietet auf 390 km² alles, was die Herzen von Naturfreunden höher schlagen lässt: tiefe Schluchten, hohe Berge, Höhlen, Gletscherseen und eine schier unerschöpfliche Flora und Fauna. Allein 1300 Pflanzenarten haben Forscher in dem rund um Žabljak gelegenen Areal entdeckt, aber auch Vogelfreunde kommen auf ihre Kosten. Der Park erstreckt sich über eine Hochebene auf etwa 1500 m, aus der die Gebirgsspitzen herausragen – die höchste ist der Bobotov kuk mit 2522 m. Fünf Hütten stehen Bergsteigern zur Verfügung, außerdem Unterkünfte in *Škarka, Šusica* und am Gebirgssattel *Sedlo* sowie kleinere Unterkünfte in *Lokvice* und *Velika Kalica*. Am *Schwarzen See (Crno jezero)* können Sie im Sommer wie Winter in gemütlichen Bauernhütten übernachten. Die privaten Unterkünfte mieten Sie vor Ort, Näheres erfahren Sie beim *Nationalpark-Infozentrum (Ul. Jovana Cvijića | Žabljak | Tel. 052 36 02 28 | npdurmitor@nparkovi.me)*.

Eine anspruchsvolle Wanderung führt von Žabljak aus auf den Bobotov kuk und dauert etwa sieben Stunden. Der Anfang des Pfads befindet sich 3 km außerhalb der Gemeinde, am Crno jezero, wo ein Schild die markierte Strecke nach *Indjini*

Aus dieser Perspektive sehen Sie die Tarabrücke nur bei einer Raftingtour

Dolovi ausweist. Nach etwa vier Stunden an Karsttrichtern und Steingeröll vorbei ist die *Eishöhle (Ledena pećina)* erreicht, die schon auf über 2000 m Höhe liegt. Weiter steil aufwärts geht es bis zum Aussichtspunkt *Velika Previja,* wo man an einer Quelle Rast machen kann. Bis zum Gipfel des Bobotov kuk sind es nun noch 45 Minuten. Die Rückkehr von oben kann von Velika Previja über *Zeleni Vir* und *Urdeni Do* nach *Dobri Do* oder zum Bergsteigerhaus in *Sedlo* erfolgen.

PIVA ★ (124 B2) *(U12)*
Die Geschichte des 55 km von Žabljak entfernten Klosters ist abenteuerlich: Um zu verhindern, dass die im 16. Jh. errichtete dreischiffige Kirche dem Bau des Staudamms in Plužine zum Opfer fällt, wurde 1969 damit begonnen, sie abzutragen und an ihrem heutigen Standort neu zu errichten. Das dauerte genauso lange wie der Bau des Gotteshauses. Die Wände sind mit Fresken übersät, insgesamt bedecken die Malereien eine Fläche von mehr als 1000 m². Achten Sie auf das INSIDER TIPP Fresko über dem Südeingang: Wohl einmalig in orthodoxen Kirchen, findet sich hier ein Bild des türkischen Paschas Mehmed Sokolović, eines zum Islam konvertierten Verwandten des serbischen Patriarchen der Zeit.

PLJEVLJA (124–125 C–D1) *(V11)*
Ausländische Touristen wagen sich selten in die rund 60 km von Žabljak entfernte, nordwestlichste Stadt Montenegros (19 000 Ew.). Dabei lohnt die Reise allemal. Nicht nur wegen ihres Wahrzeichens – die *Hussein-Pascha-Moschee (Husein-pašina džamija)* mit dem langen, schlanken Minarett wurde kurz nach der Eroberung durch die Türken im 16. Jh. errichtet –, sondern auch, weil in der Umgebung antike Spuren illyrischer und römischer Besiedlung zu entdecken sind. Im Örtchen *Komine* fanden Archäologen Reste einer römischen Stadt, von der jedoch nur der Anfangsbuchstabe entziffert werden konnte: *Municipio S* heißt das Gelände jetzt. In *Gotovuša* sind Fundstücke aus der Eisenzeit erhalten. Und nicht zu vergessen: Die Mönche des zu Beginn

des 16. Jhs. gebauten *Dreieinigkeitsklosters (Manastir Sv. Trojica)* im Zentrum Pljevljas bewahren eine der reichsten Sammlungen an Ikonen, historischen Dokumenten und Büchern auf dem ganzen Balkan auf. Einfache Zimmer und die beste Küche vor Ort finden Sie im Hotel *Gold (9 Zi. | Marka Miljanova | Mobiltel. 068 747955 | €–€€)*.

TARA ★

(124–125 B–D 1–4) *(U–W 11–13)*

Der längste Fluss des Landes ist zugleich der schönste: Über 158 km schlängelt sich die Tara auf montenegrinischem Territorium durch die Landschaft, frisst sich durch Felsen und sprudelt kurz hinter Leveri 1300 m tief ein Dutzend Stromschnellen entlang. Der tiefste Canyon Europas ist hier entstanden, der zweittiefste weltweit nach dem Grand Canyon – Grund genug für die Unesco, die Tara 1977 zum Welterbe zu erklären. Ein paar Kilometer weiter trifft sie mit der Piva zusammen und wird zum bosnisch-serbischen Grenzfluss Drina, der von Literaturnobelpreisträger Ivo Andrić in der Stadtsaga „Brücke über die Drina" literarisch verewigt wurde. Die wilde Tara, der die Montenegriner den Beinamen „Träne Europas" gegeben haben, fließt unweit des Orts *Bistrica* so langsam, dass man durch das Wasser waten kann. Weil die Einheimischen behauptet haben, man könne dort mit einem Sprung sogar die andere Seite erreichen, hat man diese Stelle „Teufelslügen" genannt.

Mindestens einmal im Leben, schwärmen die Montenegriner, muss man mit Kajak, Floß oder Schlauchboot auf der Tara unterwegs gewesen sein (s. S. 104). Spektakulär ist auch der Anblick von oben: In 150 m Höhe spannte der Brückenbauer Lazar Janković im Jahr 1941 die *Đurđevića-Tara-Brücke* (25 km östlich von Žabljak) kurz hinter dem gleichnamigen Ort über den Fluss. Um den Weitermarsch der nationalsozialistischen Truppen zu vereiteln, sprengte er den Mittelbogen ein Jahr später wieder in die Luft. Imbissstände und ein Denkmal laden zu einem Pausenstopp ein. Direkt an der Brücke bietet INSIDER TIPP *Redrockzipline (10 Euro | Mobiltel. 069 440290 | www.redrockzipline.com)* eine atemberaubende Fahrt: An einem Stahlseil eingehängt, sausen Sie mit bis zu 50 km/h über dem Canyon dahin.

ORTHODOXE KIRCHE

Vor allem im Norden Montenegros gibt es zahlreiche orthodoxe Kirchen, Klöster und Kapellen aus dem Mittelalter. Viele sind mit prächtigen Fresken und Ikonen verziert und gehören zu den Heiligtümern des orthodoxen Glaubens, jener Auslegung des Christentums, die nach der Teilung des Römischen Reichs entstand. Im Mittelalter waren die Kirchen Zufluchtsorte im Kampf gegen die Türken. Nach 1918, als Montenegro Teil Jugoslawiens wurde, verlor die Landeskirche ihre Eigenständigkeit. Im sozialistischen Jugoslawien hatte Religiosität keinen Platz, so blieben die Kirchen leer. 1993 löste sich die montenegrinisch-orthodoxe Kirche von den serbisch-orthodoxen Brüdern in Belgrad, der Streit der beiden Glaubensgemeinschaften ist noch immer nicht beigelegt. Heute bezeichnen sich drei von vier Montenegrinern als orthodoxe Christen.

DER NORDOSTEN

Über 2000 m hohe, bis weit in den Sommer hinein mit Schneekappen verzierte Berge, tiefe Täler, klare Flüsse und blaue Seen: Hinter jeder Wegbiegung im Vierländereck mit Serbien, Albanien und dem Kosovo verbirgt sich eine neue, natürliche Überraschung.

Wer jenseits der überlaufenen Touristenzentren an der Adriaküste Ruhe und Abgeschiedenheit sucht, findet sie hier in der Höhenluft bestimmt. Und das zu jeder Jahreszeit – sei es auf einem der zahlreichen Wanderwege durchs Bjelasicagebirge, entlang der Canyons von Mrtvica und Morača oder bei der Skiabfahrt vom Berg Ćupović.

Und mehr noch als das: Versteckt im nordöstlichen Hochland zwischen Kolašin, Bijelo Polje und Berane liegt der Nationalpark Biogradska gora mit einem der letzten Urwälder Europas. Mittendrin: Biogradsko jezero, jener verwunschene Gletschersee, der dem Nationalpark seinen Namen gab und dem Himmel die Möglichkeit, sein Spiegelbild in immer neuen Farben zu zeigen.

Wie nirgendwo sonst in Montenegro sind die Spuren der türkischen Herrschaft im historischen Landstrich Sandžak lebendig geblieben: Von den Minaretten der jahrhundertealten Moscheen kann man den Aufruf der Muezzins zum Gebet hören.

BIJELO POLJE

(125 E3) (🕮 W12) **Die Blütenpracht, mit der sich Bijelo Polje im Frühling**

Bild: Biogradskosee

Skipisten und Naturschutz: In den Bergen des Nordostens verstecken sich ein Wintersportmekka und ein urwüchsiger Nationalpark

schmückt, erklärt, woher die nur 20 km von der serbischen Grenze entfernte Stadt (17 000 Ew.) ihren Namen hat: Er bedeutet so viel wie „weißes Feld".
Aber auch im Winter strahlt die hügelige Landschaft rund um die an den Ufern des Lims gelegene Gemeinde ganz in Weiß: Das Skigebiet im Bjelasicagebirge ist von hier aus schnell zu erreichen.
Im 12. Jh. gegründet, entwickelte sich Bijelo Polje bald zum kulturellen und religiösen Zentrum entlang des Richtung Norden weiter nach Serbien fließenden Lims, des drittlängsten Flusses in Montenegro. Im Jahr 1321 wurde die von unzähligen Quellen umgebene Stadt Bischofssitz, kurze Zeit später fiel sie in türkische Hand.

SEHENSWERTES

SV. NIKOLA (ST.-NIKOLAS-KIRCHE)

Zu der Kirche am Limufer gehört eine Bibliothek aus dem 14. Jh. Dort lagern Dutzende wertvolle Manuskripte und frühe Buchdrucke.

Schon der Anblick ist entspannend: Bianca Resort & Spa in Kolašin

INSIDER TIPP SV. PETAR (ST.-PETRUS-KIRCHE)

In dem Ende des 12. Jhs. errichteten Gotteshaus entstand eine der bedeutendsten orthodoxen Schriften: das sogenannte Miroslav-Evangelium. Eine Kopie des Dokuments liegt im Kirchenschiff aus, während das Original zum Ärger vieler Einwohner in der serbischen Hauptstadt Belgrad aufbewahrt wird. Der weiß getünchte Kirchturm kann seine zeitweise Nutzung als Minarett nur schwer verbergen: Von den Osmanen nach der Eroberung der Stadt zur Moschee umfunktioniert, wird die Kirche erst seit 1912 wieder von christlichen Gläubigen genutzt.

ESSEN & TRINKEN

Restaurants und Cafés finden Sie im Zentrum der kleinen Stadt. Sie bieten meist „kontinentale Küche" an – mit viel Fleisch und wenig Gemüse. Die Preise sind überall recht günstig.

RESTORAN KARAVAN

Das Motelrestaurant liegt zwar etwas außerhalb, an der Hauptstraße 10 km nördlich des Zentrums von Bijelo Polje, doch der Blick von der geräumigen Terrasse auf den Fluss Lim ist einmalig. Lamm und Ziege, im Ofen gebraten, gehören zu den Spezialitäten des Hauses. *Tel. 069 63 40 10* | €–€€

ÜBERNACHTEN

DOMINUS

Das schön ausgestattete Hotel liegt nur fünf Minuten vom Stadtzentrum entfernt. Gäste können den Internetzugang kostenlos nutzen. *Đorđija Stanića 31 | Tel. 050 43 27 33 | www.hoteldominus.com* | €

AUSKUNFT

Nedeljka Merdovića bb | Tel. 050 48 47 95 | www.tobijelopolje.me

KOLAŠIN

(125 D4) (W13) **Der wichtigste Wintersportort (6000 Ew.) im Nordosten Montenegros liegt auf einer Höhe von 960 m – und ist die Wasserscheide des Landes.**

Während die Tara in Richtung Drina und dann über die Donau ins Schwarze Meer fließt, führt der Flusslauf der Morača in die Adria. Wegen seiner Nähe zum Skizentrum Bjelasica und dem Nationalpark Biogradska gora bietet sich Kolašin als Ausgangspunkt für Erkundungen im Nordosten an.

ESSEN & TRINKEN

INSIDER TIPP SAVARDAK

Der Name ist Programm: *Savardak* heißen die pyramidenartigen Hütten der Hochlandbewohner, und in einer solchen ist das Restaurant am Stadtausgang in Richtung Skizentrum Bjelasica untergebracht. Deftiges vom Grill bekommen Sie hier zu essen. Probieren sollten Sie unbedingt auch die käsige montenegrinische Polenta *kačamak* oder den Weizenbrei *civcara! Biocinovići | Mobiltel. 069 05 12 64* | €–€€

FREIZEIT & SPORT

Das Wintersportzentrum Bjelasica bietet Skivergnügen auf 1200 bis 1450 m Höhe, und zwar am Tag und in der Nacht. Für einen Skipass zahlen Sie ca. 20 Euro.

In der Gegend rund um Kolašin wird ein Blätterkäse aus geschichtetem Rahm hergestellt. Die Käsetour INSIDER TIPP Putevi sira führt Sie auf die Bauernhöfe. Sie dürfen nicht nur probieren, sondern sind auch bei der Herstellung dabei. Infos: *www.montenegro-mountains.com/cheese-routes*

ÜBERNACHTEN

BIANCA RESORT & SPA

Ein Traum aus Holz und Stein ist das Bianca mit seinem riesigen Swimmingpool sowie Spa- und Wellnessangebot mitten in den Bergen. Die Nobelherberge gehört zu den besten Hotels des Landes. *115 Zi. | Tel. 020 86 30 00 | www.biancaresort.com* | €€–€€€

ČILE

Das familiengeführte Haus ist rustikal eingerichtet und verfügt über ein Restaurant mit einheimischer Küche. *9 Zi. | Dunje Djokić | Tel. 020 86 50 39 | www.hotelcile.me* | €–€€

INSIDER TIPP VILA JELKA

Die „Villa Tanne" ist nicht einfach eine süße Familienpension. Dahinter steckt ein Konzept, das aufgeht: Gäste übernachten in Holzhütten, auf den Teller kommen Vollwertküche sowie Fisch und

MARCO POLO HIGHLIGHTS

★ **Biogradska gora Nacionalni park**
Urwald und Gletscherseen laden ein zum Abschalten in einem der ältesten ökologischen Schutzgebiete der Welt → S. 88

★ **Manastir Morača**
Prächtige Fresken in diesem bedeutenden Kloster aus dem 13. Jh. zeugen von der Macht der serbisch-orthodoxen Kirche im Mittelalter → S. 89

★ **Plav**
Reizvoller Kontrast: Moscheen aus dem 18. Jh. und ein Bergsee zwischen Zweitausendern → S. 89

Fleisch aus der Gegend. Sie können außerdem an verschiedenen Freizeitaktivitäten wie Rafting, Hiking oder Jeeptouren teilnehmen. *8 Zi. | Tel. 020 86 0150 | www.jelka.me | €–€€*

AUSKUNFT

Mirka Vešovića | Tel. 020 86 42 54

ZIELE IN DER UMGEBUNG

Touristisch entwickelt haben sich auch die kleinen Städte in der Umgebung von Kolašin wie das 70 km entfernte *Rožaje* (125 F4) *(X13)* (10 000 Ew.) oder, 45 km östlich gelegen, *Andrijevica* (125 E4) *(W13)* (1000 Ew.). Im Winter können Sie hier Ski fahren, aber auch im Sommer werden viele Aktivitäten für naturverbundene und sportliche Besucher angeboten. Informationen erhalten Sie im Büro der Tourismusorganisation in Rožaje *(Tel. 051 27 01 58)*.

BERANE (125 E4) *(X13)*

In Titos Jugoslawien wurde Berane (35 000 Ew., 43 km östlich) nach einem heldenhaften Sohn der Stadt in Ivangrad umbenannt: Ivan Milutinović kämpfte als Partisan im Zweiten Weltkrieg gegen die Deutschen. Das verschlafene Nest blühte unter Tito auf. Fabriken wurden gebaut, und die Menschen hatten Arbeit. Doch nach dem Zerfall Jugoslawiens verschwand mit dem neuen Namen auch der Wohlstand wieder. Der Freude an der idyllischen Lage des Orts tut das keinen Abbruch: In fast 700 m Höhe liegt Berane am Ufer des Flusses Lim und ist umgeben von Bergen. Dank günstiger Winde entwickelt sich das Städtchen seit Kurzem zu einem Hotspot für Paraglider (s. S. 18). In unmittelbarer Nähe befindet sich das gut erhaltene Kloster *Đurđevi stupovi* aus dem 13. Jh. Günstig übernachten können Sie im neu gebauten Hotel *Il Sole (Polimska 17 | Tel. 051 23 12 70 | www.ilsolehotel.com | €€)*. Im gleichnamigen Restaurant *(€)*, nur etwa 100 m vom Limufer entfernt, treffen sich die Einheimischen, das Essen ist preiswert und lecker.

LOW BUDG€T

Im ganzen Land sehr beliebt und billig sind *pita*, typisch montenegrinische salzige Teigtaschen, die mit Fleisch, Käse oder Spinat gefüllt sind. Auch im Nordosten bekommen Sie sie überall in Bäckereien *(pekara)*. Die Leckereien kosten 1 bis 2 Euro, dazu nehmen die Einheimischen ein Glas Trinkjoghurt.

BIOGRADSKA GORA NACIONALNI PARK ★ (125 D–E 3–4) *(W12–13)*

In dem 1952 zum Nationalpark erklärten Naturreservat (15 km nordöstlich) liegt einer der letzten Urwälder Europas. Dass auf so engem Raum so viele unberührte Flecken erhalten bleiben konnten, ist nicht zuletzt Fürst Nikola I. zu verdanken. Schon 1878, sechs Jahre nach Gründung des Yellowstone-Nationalparks in den USA, erklärte er Biogradska gora zum ökologischen Schutzgebiet. Heute leben hier rund 2000 Pflanzen- und mehr als 200 Vogelarten. Besonders interessant sind die Bergaugen *(gorske oči)* genannten Seen, von denen der *Biogradskosee (Biogradsko jezero)* der schönste ist. *Eco-Tours (Dunje Đokić | Kolašin | Mobiltel. 067 25 90 20 | www.eco-tours.co.me)* hat ein umfangreiches Angebot an Aktivitäten. Unter anderem können Sie den Nationalpark wandernd, mit dem Rad, zu Pferd oder im Jeep erkunden.

Im Nationalpark rund um den Biogradskosee fühlen sich nicht nur Schmetterlinge wohl

MANASTIR MORAČA ★

(125 D4) (*V13*)

Kurz hinter dem Zusammenfluss von Mrtvica und Morača, ungefähr 30 km südwestlich von Kolašin, liegt eines der kunsthistorisch bedeutendsten Klöster der serbisch-orthodoxen Kirche, das 1252 erbaute Kloster Morača. Hier sind es vor allem die nach der Plünderung durch die türkischen Eroberer im 16./17. Jh. hinzugekommenen Fresken, die einen Besuch lohnenswert machen. *Tgl. 8–18 Uhr*

PLAV ★ (125 E5) (*X14*)

Sehenswert im 63 km südöstlich gelegenen Plav (2000 Ew.) sind die *Vezirova-Moschee* von 1741 und die drei Jahrzehnte später erbaute *Redžepagića-Moschee*. Der Wohnturm (Kula Redžepagića) der einstigen Herrscherfamilie befindet sich direkt oberhalb des Gebetshauses. In der Nähe des Orts versteckt sich in dichten Wäldern der Bergsee *Plavsko jezero*. Er liegt am Fuß des Prokletijegebirges (2700 m), das wegen seiner kahlen Steilwände von den Einheimischen auch „Verwunschener Berg" genannt wird.

Plav ist Ausgangspunkt einer länderübergreifenden Trekkingtour in Montenegro, Albanien und Kosovo, die von der Deutschen Gesellschaft für Internationale Zusammenarbeit (GIZ) entwickelt wurde: Auf dem anspruchsvollen INSIDER TIPP *Peaks of the Balkans Trail* wandern Sie in die Prokletijeregion, eines der abgelegensten Berggebiete des westlichen Balkans. Spektakuläre Landschaften, karge Bergmassive, einsame Seen, Wasserfälle, blühende Almwiesen und malerische Bergdörfer wechseln sich unterwegs ab. Die Strecke führt bis auf 2300 m Höhe und bildet einen Rundkurs von 192 km, den Sie in etwa zehn Tagen, begleitet von erfahrenen Bergführern, ablaufen. Voraussetzungen sind alpine Erfahrung, Trittsicherheit und gute Ausrüstung. Weitere Informationen zur Tour auf der Website *www.peaksofthebalkans.com*.

ERLEBNISTOUREN

1 MONTENEGRO PERFEKT IM ÜBERBLICK

START: ① Herceg Novi **ZIEL:** ① Herceg Novi	**3 Tage** reine Fahrzeit 13 Stunden
Strecke: ca. 580 km	

KOSTEN: ca. 330 Euro/2 Personen (Benzin, Essen und Trinken, Übernachtungen, Eintritte, Aktivitäten)
MITNEHMEN: Warme Kleidung, Badesachen

ACHTUNG: Vereinbaren Sie mit dem zweitbesten Friseur der Welt, Style by Eky in ⑩ **Bijelo Polje**, vorab telefonisch einen Termin.

Küste, Karst und alte Kultur in kürzester Zeit – kaum ein kleines Land hat so viel auf einmal zu bieten. In den Gotteshäusern von vier Religionen und den Zeug-

Jeder Zipfel dieser Erde hat seine eigene Schönheit. Wenn Sie Lust haben, die einzigartigen Besonderheiten dieser Region zu entdecken, wenn Sie tolle Tipps für lohnende Stopps, atemberaubende Orte, ausgewählte Restaurants oder typische Aktivitäten bekommen wollen, dann sind diese maßgeschneiderten Erlebnistouren genau das Richtige für Sie. Machen Sie sich auf den Weg und folgen Sie den Spuren der MARCO POLO Autoren – ganz bequem und mit der digitalen Routenführung, die Sie sich über den QR-Code auf S. 2/3 oder die URL in der Fußzeile zu jeder Tour downloaden können.

nissen einer wechselhaften Geschichte werden Gegenwart und Vergangenheit Montenegros sichtbar. Vor allem aber erleben Sie hautnah die wilde Schönheit des Landes – und immer wieder atemberaubende Panoramen.

Von ❶ **Herceg Novi → S. 34 fahren Sie auf der E 65 Richtung Kotor bis Kamenari, mit der Fähre setzen Sie nach Lepetane über. Auf der E 80 geht es hinter Tivat bergauf, und** ❷ **Budva → S. 53** liegt vor Ihnen. Lassen Sie das Auto vor der **Altstadt** stehen, schlendern Sie durch die engen Gassen, und reisen Sie im **Stadtmuseum** zurück in die Zeit

TAG 1
❶ Herceg Novi
43 km
❷ Budva
9 km

3 Aussichtsplattform

12 km

4 Strand

59 km

5 Šipčanik

3 km

6 Markt

10 km

7 Podgorica

der römischen Herrschaft. **An der E 80 Richtung Petrovac na Moru** ist eine **3 Aussichtsplattform → S. 57** ausgeschildert, von der Sie das ehemalige Fischerdorf **Sv. Stefan** in voller Schönheit betrachten. **Gleich hinter Petrovac zweigt rechts eine kleine Straße nach Buljarica → S. 60** ab. Am langen, meist angenehm leeren **4 Strand** springen Sie kurz ins Wasser der Adria.

Die E 80 führt Sie zum Sozinatunnel Richtung Podgorica. Auf der anderen Seite der Berge glitzert der Skutarisee in der Sonne, und Sie durchqueren die mit Weinreben bebaute Ebene Ćemovsko polje. **Kurz vor Podgorica geht es auf die E 762, folgen Sie den Schildern zum Weinkeller 5 Šipčanik → S. 72** und zur Weinprobe 30 m unter der Erde. Der kurze Weg zum nächsten Stopp **Tuzi** ist ausgeschildert. Handeln Sie beherzt auf dem größten **6 Markt → S. 30** Montenegros. **Auf der E 762 geht es zurück nach 7 Podgorica → S. 69**. In der **Njegoševa-Straße** spüren Sie das Flair der Hauptstadt. Hier treffen sich die jungen Leute, Bars und Boutiquen bestimmen das Straßenbild. Im angesagten **Kafić Berlin** → **S. 18** probieren Sie das Trendgetränk *dojčkafa,* einen „deutschen Kaffee". Nehmen Sie danach die größte orthodoxe Kirche Montenegros, die **Auferstehungskirche**, in Augenschein.

Hinter Podgorica setzen Sie Ihren Weg auf der E 80 fort. Hier beginnt die Moračaschlucht, tief unten schimmert smaragdgrün der Fluss. Besichtigen Sie die jahrhundertealten Fresken und genießen Sie die Ruhe im orthodoxen **8 Kloster Morača** → **S. 89**, bevor es **auf der E 80 weiter nach** **Kolašin** → **S. 87** geht. Dort übernachten Sie nach einer entspannenden Hawaii- oder Thaimassage im **9 Bianca Resort & Spa**.

Auf der kurvigen E 80 nach **10 Bijelo Polje** → **S. 84** begleiten die hohen Gipfel des Bjelasicagebirges die Fahrt. Das Stadtbild prägen Moscheen und Minarette, Sie entdecken aber auch orthodoxe Kirchen aus dem Mittelalter. Wie wär's mit einem besonderen Souvenir? Bei **INSIDER TIPP** **Style by Eky** *(Ul. Đorđa Stanića bb | Mobiltel. 069 23 3166)* verpasst Ihnen der zweitbeste Figaro der Welt einen neuen Schnitt. Eky-Eldin Krivošić belegte den zweiten Platz bei der Weltmeisterschaft der Friseure 2016.

Auf der R 10 erreichen Sie **Pljevlja** → **S. 82** mit der imposanten **11 Hussein-Pascha-Moschee**. **Die Bergstraße R 4 ist kurvig, hinter Odžak und Vilići** liegt eine Aussichtsplattform mit Blick auf die **12 Đurđevića-Tara-Brücke** → **S. 83**. An der Brücke erwartet Sie ein anderer Ausblick: Unter Ihnen schlängelt sich die Tara dahin, über Ihnen erhebt sich das Durmitorgebirge. **Redrockzipline** schickt Sie auf einen atemberaubenden Ritt entlang der Brücke. **Die R 5 führt durch unberührte Natur zum Nationalpark Durmitor.** In **Žabljak** → **S. 79** lassen Sie sich im urigen **13 Autocamp Razvršje** mit Mamas einheimischer Küche verwöhnen und übernachten in gemütlichen Bauernhütten.

Gönnen Sie sich vor der Weiterreise einen kurzen Blick auf den nahe gelegenen **14 Crno jezero** → **S. 81**, den schönsten See Durmitors. **Auf der kurvigen R 5 fahren Sie über Šavnik ins Tal und auf der E 762 nach Nikšić. Bleiben Sie zunächst auf der Umgehungsstraße E 762, und nehmen Sie dann die M 6 Richtung Bosnien-Herzegowina. Kurz vor der Grenze bei Vilusi biegen Sie links ab auf die R 11 nach Herceg Novi und** **Risan** → **S. 45**, wo Sie die römi-

47 km
8 Kloster Morača
25 km
9 Bianca Resort & Spa
TAG 2
50 km
10 Bijelo Polje
83 km
11 Hussein-Pascha-Moschee
37 km
12 Đurđevića-Tara-Brücke
24 km
13 Autocamp Razvršje
TAG 3
2 km
14 Crno jezero
145 km

⑮ Freilichtmuseum

28 km

❶ Herceg Novi

schen Mosaiken im ⑮ **Freilichtmuseum** besichtigen. **Die E 80 führt zurück nach** ❶ **Herceg Novi**. Parken Sie außerhalb, und laufen Sie durch die Stadt der 1000 Treppen zum Hafen. Mit Barkarioli geht es auf eine nächtliche Bootsfahrt zur **Modra Špilja** → S. 47 – zum INSIDER TIPP Bad bei Mondlicht in der Blauen Grotte.

2 VON DER KÜSTE IN DEN KARST UND ZURÜCK

START: ❶ Tivat
ZIEL: ❶ Tivat

Strecke:
ca. 230 km

2 Tage
reine Fahrzeit
7,5 Stunden

KOSTEN: ca. 300 Euro/2 Personen (Benzin, Essen und Trinken, Übernachtung, Eintritte, Aktivitäten, Strandliegen)
MITNEHMEN: Badesachen, Wasser, Sonnenschutz

Auf der alten Serpentinenstraße ins Landesinnere schrauben Sie sich hinauf in die raue Bergwelt bei Kotor und zur historischen Hauptstadt Cetinje. Und dann geht es wieder hinab – zum Bad in den tiefblauen Buchten zwischen Budva und Tivat. An der Küste erwarten Sie Top-Wasserqualität und Cocktailbars am Strand.

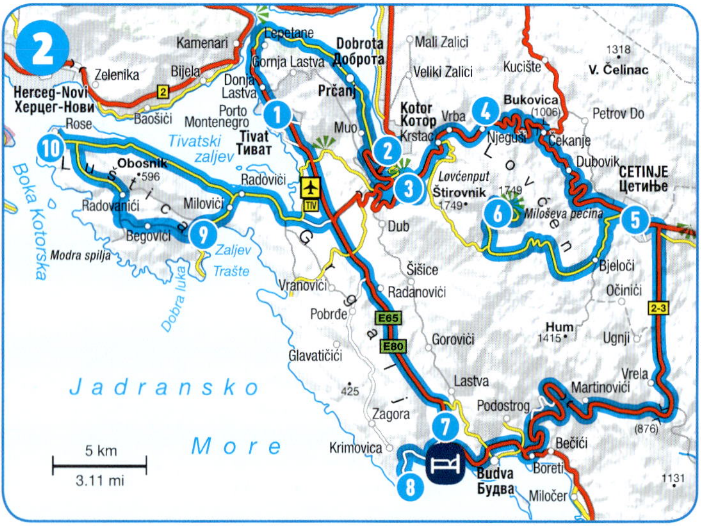

Die Tour beginnt in ① **Tivat → S. 45** mit einem ungewöhnlichen Erlebnis: Spüren Sie die Enge im alten U-Boot der jugoslawischen Marine vor dem **Museum Arsenal**. **Auf der E 80 fahren Sie anschließend nach Lepetane und über Prčanj nach** ② **Kotor → S. 40**. Von der Promenade aus sind die riesigen Kreuzfahrtschiffe zu sehen, die sich durch den Fjord schlängeln. Durch die mittelalterliche **Altstadt** spazieren Sie zur **St.-Trifun-Kathedrale**.

TAG 1

① Tivat

17 km

② Kotor

11 km

Haben Sie Kotor am südlichen Ortsausgang verlassen, erreichen Sie nach etwa 4 km eine Kreuzung, an der es links auf die R1 und bergauf Richtung Cetinje geht. Hier beginnt die ③ **Leiter von Cattaro**, jene Straße, die bis Ende des 19. Jhs. den einzigen Zugang ins Landesinnere bildete. Kurvenreich führt sie nach oben und bietet atemberaubende Ausblicke auf die Bucht von Kotor, den tollsten **kurz vor dem Dörfchen Krstač**. Bald erreichen Sie **Njeguši → S. 68**, das nicht nur als Geburtsort des Dichterfürsten Njegoš, sondern auch für geräucherten Schinken und Hartkäse bekannt ist. Probieren Sie die Spezialitäten bei ④ **Kod Pera Na Bukovicu**. **Hinter Njeguši steigt die R 1 weiter an,** die kahle Berglandschaft zeigt sich in voller Schönheit. In den Museen von ⑤ **Cetinje → S. 65** entdecken Sie die Geschichte des Landes und prachtvolle alte **Botschaftsgebäude**. Auf dem riesigen Relief im Museum **Biljarda** sehen Sie Montenegro sogar von oben.

Chillout in der Altstadt von Kotor

Ein Abstecher führt auf gut ausgeschilderter Strecke in den Nationalpark Lovćen zum riesigen ⑥ **Njegoš-Mausoleum → S. 68**. Von der nahen Aussichtsplattform reicht der Blick an klaren Tagen bis zu den albanischen Bergen. **Zurück in Cetinje, geht es auf der M 2-3 Richtung Budva.** Ganz unerwartet öffnet sich auf der anderen Seite des Bergs der Blick auf die Adria, auf Sv. Stefan, Budva und Petrovac na Moru. **Fahren Sie auf der E 80 Richtung Tivat an Budva vorbei. Hinter dem Berg zweigt nach etwa 3 km die Straße nach** ⑦ **Jaz → S. 54** ab. Am östlichen Ende des 1200 m langen Strands liegt das **Hotel Poseidon**. Gehen Sie baden, genießen Sie den Sonnenuntergang, und übernachten Sie hier.

③ Leiter von Cattaro

18 km

④ Kod Pera Na Bukovicu

14 km

⑤ Cetinje

22 km

⑥ Njegoš-Mausoleum

57 km

⑦ Jaz

TAG 2

5 km

8 Ploče

28 km

9 Almara Beach

18 km

10 Rose

32 km

1 Tivat

Die Landstraße führt vorbei an der Bucht Trsteno und weiter zum Trendstrand 8 Ploče mit Pools, Cocktailbars, Rock- und Elektromusik. Für die jungen Leute hier ist das Baden Nebensache, auch wenn das tiefblaue Meer dazu einlädt. **Von der E 80 Richtung Tivat biegen Sie vor dem Flughafen ab auf die Landstraße nach Radovići und zum mondänen 9 Almara Beach** **→ S. 46** zum Ausspannen unterm Sonnenschirm.

Jetzt erkunden Sie die Halbinsel Luštica. **Die Landstraße führt zurück nach Radovići, kurz vor der Küste biegen Sie links nach Krašići ab. Hier fahren Sie von der Küstenstraße ab und durch Olivenhaine und verlassene Dörfer nach Klinci.** Schlendern Sie durch das idyllische Künstlerdorf **10 Rose** **→ S. 39**, und lassen Sie den Blick über die Bucht von Kotor schweifen. **Auf der Küstenstraße geht es nach Krašići. Folgen Sie hinter dem Ort den Schildern zum Flughafen, die Tour führt jetzt zurück nach 1 Tivat** und zur Marina **Porto Montenegro**. Im libanesischen Restaurant **Byblos** genießen Sie orientalische Spezialitäten und den Blick auf die Luxusyachten.

3 HIMMELSSTÜRMER IN WANDERSCHUHEN

START: 1 Kolašin ZIEL: 1 Kolašin	2 Tage reine Gehzeit 15 Stunden
Strecke: ca. 39 km mittel Höhenmeter: 1000 m	

KOSTEN: ca. 250 Euro/2 Personen (Essen und Trinken, Übernachtungen, Wanderguide, Eintritte, Bootsmiete, Rücktransfer)
MITNEHMEN: Helm, Wanderschuhe, warme Kleidung (Temperatur im Sommer: 12–15 Grad), Regenjacke, Picknick, Wasser, Sonnenbrille

ACHTUNG: Klären Sie Details vorab mit Reiseveranstalter *Eco-Tours (Dunje Đokić | Kolašin | Mobiltel. 067 25 90 20 | www.eco-tours.co.me):* Guide, Übernachtung vor und nach der Wanderung sowie unterwegs *(nur Mai–Nov. möglich)*, Abholung mit dem eigenen oder Mietwagen vom Biogradskosee (ca. 20 km). Verzichten Sie nicht auf einen Guide! Zwar sind alle Wege gut ausgeschildert, doch das Wetter kann schnell umschlagen (Blitzschlaggefahr!). Befolgen Sie stets den Rat Ihres Führers, und verlassen Sie nicht die gekennzeichneten Wege! Ihr Gepäck sollte nicht zu schwer sein.

Bei der Wanderung im Nationalpark Biogradska gora kommen Sie dem Himmel ganz nah

Der Urwald im Herzen des Nationalparks Biogradska gora ist ein Paradies für Wanderer. Besteigen Sie hohe Berge, besuchen Sie alte Kapellen und Almhütten, begeben Sie sich auf die Spuren der Wölfe, und genießen Sie die Ruhe am idyllischen Biogradskosee.

In ❶ **Kolašin** → S. 87 laufen Sie von Ihrer Unterkunft **Bijeli Potok** **an der Straße Richtung Dulovine bis zum Stadtrand.** Ein Schild weist auf den **Botanischen Garten** hin, der Ihnen einen ersten Blick in die Gebirgsflora eröffnet. **Eine Schotterstraße führt Sie Richtung Izlasci in die Berge, teilweise an einem Bach entlang und durch immer dichter werdenden Wald. Vorbei an Izlasci gelangen Sie zum** ❷ **Kloster Ćirilovac**. In der Hauptkirche zünden Sie nach orthodoxem Brauch eine Kerze an und dürfen sich etwas wünschen. Dann ist es Zeit für ein stärkendes Picknick. **Auf Forstwegen wandern Sie weiter hinauf zum Berg** ❸ **Ključ** (1973 m). Im Sommer überqueren Sie duftende Wiesen und pflücken Waldbeeren, im Spätherbst ist in der Ferne Wolfsgeheul zu hören. Die Region ist bekannt für die Wölfe und Braunbären, die fernab der Wege leben. Laufen Sie auf dem Gipfel hinauf zur **Kapelle**. Hier reicht der Blick über die Bergwelt im Nordosten Montenegros.

TAG 1

❶ Kolašin

11 km

❷ Kloster Ćirilovac

4 km

❸ Ključ

5 km

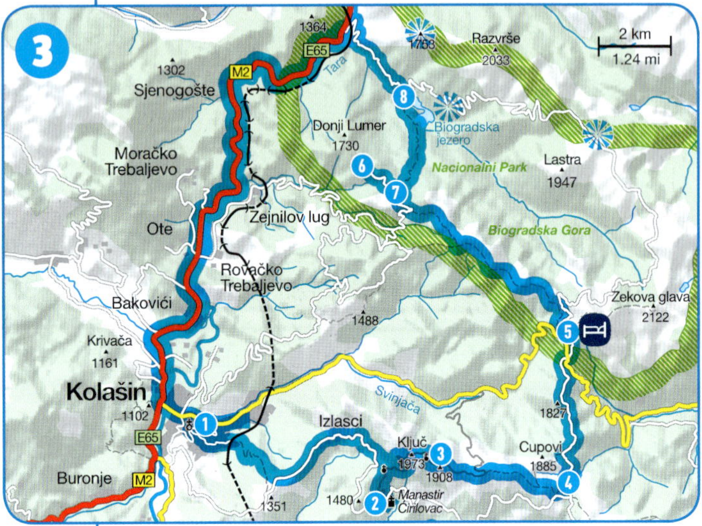

4 Krivi Do

5 km

5 Vranjak

TAG 2

9 km

6 Donji Lumer

1,5 km

7 Goleš

4 km

8 Biogradskosee

20 km

1 Kolašin

Je höher Sie auf dem weiteren Weg steigen, desto öfter begegnen Ihnen *katuni*, Almhütten, die teilweise noch immer bewirtschaftet werden. Wenn Sie das Katun **4 Krivi Do** erreichen, haben Sie sich eine Pause verdient. Probieren Sie vor allem die hier hergestellten Käse *lisnati sir* und *kajmak*. Den Schnaps *rakija* sollte man am besten langsam und mit einem Glas Wasser dazu trinken, damit er nicht so stark im Hals brennt. Dann geht es noch einmal höher, auf 1750 m zum Katun **5 Vranjak**, zur Übernachtung in einer Holzhütte.

Am nächsten Morgen laufen Sie **bergab Richtung See. Vom Gipfel 6 Donji Lumer** haben Sie eine herrliche Aussicht auf den Biogradsko jezero. Im Katun **7 Goleš** auf 1600 m Höhe wartet neben Schafen, Ziegen, Hundegebell und Vogelgezwitscher eine INSIDER TIPP hervorragende Küche aus regionalen Zutaten: Lamm, in Milch gekocht oder in heißer Asche gebraten, Maisbrei, dicker Joghurt und frisch gebackenes, noch warmes Brot. Nach dem Essen mieten Sie im Katun ein Boot und steigen **durch den Urwald hinab zum 8 Biogradskosee** → S. 88. Am Ziel Ihrer Wanderung angekommen, dürfen Sie sich ausruhen, während Sie gemächlich übers Wasser paddeln. Ein Fahrer bringt Sie, wie mit Eco-Tours abgesprochen, zurück nach **1 Kolašin**.

4 OLIVEN, PELIKANE UND MONDLANDSCHAFTEN

START: ① Petrovac na Moru
ZIEL: ⑬ Pržno

Strecke:
ca. 230 km

3 Tage
reine Fahrzeit
8 Stunden

KOSTEN: ca. 200 Euro/2 Personen (Benzin, Essen und Trinken, Übernachtung, Eintritt, Aktivitäten)
MITNEHMEN: Badesachen, Sonnenschutz

Zwischen Adria und Skutarisee gibt es viel zu entdecken: Uralte Olivenbäume und Bio-Olivenöl, einsame Bergstraßen und karge Mondlandschaften, Pelikane und Kormorane, Kirchen, Moscheen und ein abgelegenes Nonnenkloster sind nur einige der Höhepunkte auf dieser Tour.

In ① **Petrovac na Moru** → S. 57 beginnt Ihr Tag mit einem Bad, durch duftenden Pinienwald laufen Sie zum Strand **Lučice**. **Dann geht es auf der E 80 nach** ② **Bar** → S. 50. Ein Einkauf auf dem **Bauernmarkt** ist ein Erlebnis. Spazieren Sie auch zum **Hafen**, und werfen Sie einen Blick auf die großen Fähr- und Containerschiffe. In ③ **Stari Bar** → S. 52 schlendern Sie durch jahrhundertealte Ruinen und lassen sich von den orientalischen Köstlichkeiten der türkischen **Konditorei Karađuzović** verführen. Zur süßen Baklawa passt ein Mokka.

An der E 851 Richtung Ulcinj treffen Sie auf einen ④ **Olivenbaum** → S. 52, der zu den ältesten der Welt gehört. **Er steht vor dem Dorf Tomba, Schilder weisen darauf hin.** Mit seinen 2200 Jahren versetzt er Sie in ehrfürchtiges Staunen. In ⑤ **Ulcinj** → S. 61 lernen Sie in der **Vila Tamara** Ihre Gastgeberin für die Nacht kennen. **Unweit der Unterkunft, beim Hotel Albatros,** liegen **Felsenstrände** in dichten Pinienwäldern versteckt. Nach einem Bad **laufen Sie auf einem schönen Fußweg vorbei am Stadtstrand und in die Altstadt**. Auf der Terrasse des Hotels **Kulla e Balshajve** gibt es zu hervorragenden Fischgerichten den Blick auf Ulcinj dazu. Souvenir gefällig? In der **Ulica zlatara** sitzen die besten Silberschmiede der Gegend. Genauso lohnend ist ein Besuch bei **Olive Ponte** → S. 19.

TAG 1

① Petrovac na Moru
20 km
② Bar
4 km
③ Stari Bar
2 km
④ Olivenbaum
23 km
⑤ Ulcinj

TAG 2

37 km

6 Ostroš

18 km

7 Murići

1 km

8 Beška

22 km

9 Virpazar

Von der E 851 biegen Sie kurz hinter Krute links auf die R 16 Richtung Virpazar ab. Die imposanten Gipfel des Bergs Rumija begleiten die Fahrt, bald schimmert rechts der Skutarisee. Sie passieren kleine Dörfer wie 6 **Ostroš**, in denen katholische Kirchen neben Moscheen stehen. Fahren Sie bis 7 **Murići** → S. 74. **Der untere Ortsteil Donji Murići liegt an einer Bucht des Skutarisees.** Nach einem Bad gibt es frischen Fisch im Restaurant **Izletište Murići** *(Mobiltel. 069 68 82 88 | €)*. Hier buchen Sie auch eine Bootsfahrt zu den Nonnen auf der Insel 8 **Beška** → S. 73. **Mit dem Auto geht es weiter nach** 9 **Virpazar** → S. 74, wo Sie im Hotel **Pelikan** übernachten. Vorher laufen Sie noch zum **Besucherzentrum**, um für den nächsten Morgen eine Bootstour nach Rijeka Crnojevića zu buchen.

TAG 3

Frühaufsteher werden mit einem der schönsten Ausflüge belohnt, die der Skutarisee zu bieten hat: Um sechs Uhr morgens startet die zweistündige Bootsfahrt nach Rijeka Crnojevića und zurück. Sie gleiten zwischen Seerosen hindurch bis zum gleichnamigen Fluss, der sich wie ein Fjord durch die Landschaft schlängelt. Unterwegs sehen Sie Pelikane und Kormorane, Ibisse und Falken. Zurück im Auto, genießen Sie noch einmal den unvergesslichen Ausblick von oben auf die Mäander, **wenn Sie auf der R 16 nach Rijeka Crnojevića fahren. Kurz vor dem Ort folgen Sie der ausgeschilderten Landstraße nach Gornji Ceklin** zum **⑩ Hof Vukmirović**. Schauen Sie dem Imker beim Honigschleudern zu, und genießen Sie einen kleinen Snack. **Die M 2-3 führt Richtung Küste, in Obzovica fahren Sie ab auf die Landstraße Richtung Utrg und Brčeli und kommen auf die M 2 Richtung Petrovac.** Die kahlen Berge in dieser Gegend erinnern an eine Mondlandschaft. Auf dem Gipfel stockt der Atem, wenn sich die Riviera von Budva vor Ihnen ausbreitet.

Auf Serpentinen geht es abwärts und auf der E 80 nach ⑪ Sv. Stefan → S. 56. Stärken Sie sich im Restaurant **Olive**, genießen Sie den Blick auf die steinerne Inselschönheit, und lassen Sie die Tour anschließend mit einem Spaziergang zu den nahe gelegenen schönen Naturbuchten **⑫ Miločer** → S. 57 und **⑬ Pržno** → S. 56 ausklingen.

31 km

⑩ Hof Vukmirović

61 km

⑪ Sv. Stefan

1 km

⑫ Miločer

0,5 km

⑬ Pržno

Das Naturparadies des Skutarisees lässt sich am besten mit dem Boot entdecken

SPORT & WELLNESS

Von Angeln bis Windsurfen bietet Montenegro alles, was das Herz eines Sportlers begehrt.

Ski fahren ist in manchen Tälern bis Juli möglich. Ab April kann man auf teilweise schneefreien Wanderwegen den Norden erkunden. In den Gebirgsregionen Bjelasica, Prokletije, Durmitor und Lovćen sowie am Skutarisee ist die Infrastruktur in den letzten Jahren stark verbessert worden, Almhütten und kleine Hotels, Campingplätze und Sportclubs warten auf Touristen. An der Adria können Sie schon ab April in lauer Frühlingsluft entspannen – mit Neoprenanzug ist dann auch Tauchen kein Problem. Bis in den Oktober hinein erlaubt das mehr als 20 Grad warme Wasser sportliche Aktivitäten wie Schnorcheln, Schwimmen und Segeln.

ANGELN

Dutzende Flüsse und Hunderte Bäche durchziehen Montenegro, etliche See liegen im ganzen Land verstreut, und auch die Adria bietet natürliche Fischgründe. Angeltouren können Sie rund um den Skutarisee und an der Küste überall buchen. Kontaktieren Sie dazu die Anbieter vor Ort. Im Hochland gelten der Crno jezero bei Žabljak und die Flüsse Morača und Lim als besonders fischreich.

BERGWANDERN & MOUNTAINBIKING

Immer mehr Menschen lassen die Strände hinter sich und erkunden mit dem Fahrrad oder in Wanderstiefeln das wil-

Segeln oder Ski fahren, Wandern oder Rafting – das kleine Land bietet eine erstaunlich große Vielfalt an Aktivitäten

de Land fernab der gut erschlossenen Küstenregion. Im Rahmen des Projekts *Wilderness Hiking & Biking* entstand ein landesweites Rad- und Wanderwegenetz von rund 6000 km, mit dem das Hinterland touristisch angebunden wird. Fast alle Wege führen in die faszinierende Landschaft des Nordens, zu den über 150 Zweitausendern. Die meisten der Strecken sind gut ausgeschildert. Für Radler stehen sechs überregionale Trails von gemütlich bis anspruchsvoll zur Auswahl. Hinzu kommen weitere Strecken auf lokaler Ebene. Die Fahrradausleihe kann sich schwierig gestalten, z. B. wenn Anbieter nicht genug Räder vorrätig haben. Erkundigen Sie sich vor Ort im Reisebüro nach Ausleihmöglichkeiten. Vorsicht: Im wilden Norden sollten Sie die Sicherheit im Blick behalten (s. S. 136). Es wird empfohlen, einen Guide mitzunehmen, der sich vor Ort auskennt. In Notfällen helfen die Bergwacht *(Gorska sluzba spasavanja Crne Gore | www.gss-cg.me/english)* unter *Tel. 040 25 60 84* oder die Polizei unter *Tel. 122*.

PARAGLIDING & KITESURFING

An der Küste sind Budva und Ada Bojana Hotspots für Paraglider und Kitesurfer. Starke Winde, lange Strände – ideale Voraussetzungen, um in die Luft zu gehen. Aber auch an anderen Stränden zwischen Tivat und Ulcinj ist das möglich. Infos für Paraglider gibt *Paragliding Montenegro (www.paraglidingmontenegro.com | Mobiltel. 069 0 22 3 52)*. Im Norden entwickelt sich Berane zum Zentrum für den Sport (s. S. 18).

RAFTING

Eine Raftingtour auf der Tara gehört zu den Highlights eines Montenegrourlaubs. Über mehr als 100 km zieht sich der Fluss durch das Hochland im Nordwesten – und schüttelt die Reisenden immer wieder durch. Sich in dem tiefen Canyon durch die schäumenden Wellen zu kämpfen, ist ein unvergessliches Erlebnis. Anbieter in Kolašin und Žabljak organisieren Touren nicht nur auf der Tara, sondern auch auf der Piva, die an der Grenze zu Bosnien-Herzegowina mit der Tara zusammenfließt. Die Dauer des Trips ist variabel, die Liste der Angebote lang. Zwei Veranstalter aus Kolašin sind im gesamten Norden des Landes unterwegs und verfügen über gut ausgebildete Guides: *Explorer (Mojkovačka | Mobiltel. 067 26 31 38 | www.explorer.co.me)* und *Eco-Tours (Dunje Đokić | Mobiltel. 067 25 90 20 | www.eco-tours.co.me)*.

SEGELN

Von Herceg Novi bis Bar warten gut ausgestattete Marinas auf Adriasegler. Die Anlage Porto Montenegro *(www.portomontenegro.com)* in Tivat will Monaco und Saint-Tropez den Rang ab-

Ein feuchtfröhliches Vergnügen für Abenteuerlustige: Rafting in der Taraschlucht

laufen. Unzählige Regatten, vor allem für Boote mit kleinen und mittleren Masten, zeigen, welche Bedeutung der Sport in Montenegro hat. Segelyachten wie auch Motorboote können Sie in jeder größeren Stadt an der Küste chartern. In Podgorica sitzt außerdem die *Montenegro Charter Company (Bulevar Sv. Petra Cetinjskog 92 | Mobiltel. 067 201655 | www.montenegrocharter.com)*.

SKISPORT

Das kontinentale Klima im Norden sorgt für eisige und schneereiche Winter in den montenegrinischen Bergen, die Saison dauert von Dezember bis April. Durmitor bei Žabljak und Bjelasica bei Kolašin sind die bekanntesten der vielen Skigebiete Montenegros, die Hänge liegen bis zu 2000 m hoch. Dank einer hervorragenden Infrastruktur und leerer Pisten zu kleinen Preisen (Tageskarte 15–20 Euro) sowie günstiger Ausleihmöglichkeiten für die Ausrüstung (ca. 15 Euro pro Tag) ist Montenegro ein begehrtes Ziel für Wintersportler.

TAUCHEN

Angenehme Wassertemperaturen und interessante Ziele wie Korallenriffe, versunkene Schiffe und Unterwasserhöhlen machen die montenegrinische Adria zum idealen Revier für Taucher. Entlang der Küste ist das Meer etwa 35 m tief. Im Sommer liegen die Wassertemperaturen zwischen 21 und 25 Grad. Die Tauchpässe der international gängigen Verbände werden anerkannt, Tauchgänge können Sie jedoch nur gemeinsam mit den einheimischen Anbietern absolvieren. Eine gute Übersicht der Unternehmen vor Ort bietet *www.tauchbasen.net* – auf der Startseite „Montenegro" in das Suchfeld eingeben.

TENNIS

Was Boris Becker einst für Deutschland war, das ist Novak Đoković heute für Montenegro. Der Tennisweltstar ist zwar Serbe, doch seine Familie stammt aus dem Land der schwarzen Berge – weshalb er hier als „unser Novak" gefeiert wird. Auch der in Podgorica geborene Kanadier Milos Raonic, der 2016 zu den fünf besten der Welt gehörte, gilt als „einer von uns". Die Tennisbegeisterung der Montenegriner beschert dem Tennisverband *Teniski Savez Crne Gore (www.mta.co.me)* großen Zulauf. Davon profitieren auch Touristen, denn so gibt es inzwischen in vielen Küstenorten Tennisplätze, etwa in Herceg Novi, Tivat, Budva, Bar oder Ada Bojana. Auch im Landesinneren sind Courts zu finden, z. B. in Podgorica, Berane oder Nikšić. Adressen erfahren Sie bei den örtlichen Touristenorganisationen, eine Anmeldung ist erforderlich.

WELLNESS

Der Wellnesstrend hat Montenegro erst in den letzten Jahren erreicht, das Angebot wird nur langsam ausgebaut. Es sind hauptsächlich große Luxushotels, die Spabereiche eröffnet haben, im Landesinneren, z. B. in Kolašin, genauso wie an der Küste, etwa in Bečići oder Budva. In der Regel können Sie die Angebote auch als Tagesgast nutzen, eine Tageskarte kostet zwischen 15 und 30 Euro.

WINDSURFEN

Geübte Surfer finden vor Ulcinj hohe Wellen und starke Winde vor. Anfänger sollten es dagegen lieber in der geschützten Bucht von Kotor versuchen. Reizvoll kann aber auch die Süßwasservariante sein: Auf dem Skutarisee wird seit einiger Zeit wieder gesurft.

MIT KINDERN UNTERWEGS

Kinder sind das Glück dieser Erde, heißt es in Montenegro. Sie nehmen eifrig am Familienleben teil und dürfen oft bis spät abends aufbleiben. Auch der Nachwuchs der ausländischen Gäste hat in der Regel Narrenfreiheit. Fragen Sie nach *igraonica* („igraonizza"), das sind Spielplätze mit allerlei Aktivitäten und Spielzeug im Innen- und Außenbereich. Tretboote und Wasserrutschen gibt es an fast jedem Strand, Abenteuerlustige können sogar Tauchkurse nur für Kinder absolvieren. Wenn Sie ein Hotel buchen, fragen Sie, ob es Nachlässe für Kinder gibt. Erkundigen Sie sich in Restaurants nach einer Kinderportion. Diese steht nicht auf der Karte, wird aber auf Nachfrage gern serviert. Vorsicht ist an Straßen und Wegen geboten, denn es fehlen oft Bürgersteige.

DIE BUCHT VON KOTOR

Im Juni veranstaltet Herceg Novi (126 C5) *(H5)* den internationalen Kinderkarneval, im August bringt die bunte Pracht des Sommerkarnevals in Kotor (127 E–F 4–5) *(K5)* die Kleinen zum Staunen. Außergewöhnlich ist die *Fašinada* im Juli, eine Prozession auf dem Wasser: Fackelbestückte Ruderboote fahren von Perast (127 D–E4) *(J4)* zur Insel Gospa od Škrpjela. Termine für die Feste finden Sie auf *www.montenegro.travel.*

DIE ADRIA

Zum Hotel *Mediteran (230 Zi. | Tel. 033 42 43 82 | www.mediteran.me | €€€)* in Bečići (128 C5) *(M6)* gehört ein 7500 m² großer *Aquapark (Tageskarte Erwachsene 15, Kinder 10 Euro)*, der auch zwei große Kinderbecken hat.

Wer im November mit seinem Nachwuchs an die Adria fährt – oft ist dann Baden noch möglich – kann in der Nähe von Bar (130 A–B 4–5) *(P7)* die Ausstellung *Susreti pod starom maslinom* besuchen. Unter dem ältesten Olivenbaum des Landes zeigen Kinder ihre Werke zum Thema „Olive, Frieden, Freundschaft".

Reiten lernen oder nur mit Papa oder Mama auf dem Pferderücken sitzen können Kinder am Großen Strand von Ulcinj (131 D6) *(R8)*. Galoppieren an einem kilometerlangen Sandstrand, der Sonne entgegen – das ist ein Erlebnis, das man nicht so schnell vergisst. Die Reitstunden können vor Ort bei den Hotels gebucht werden, die zur Hotelvereinigung *Ulcinjska rivijera (www.ulcinjska-rivijera.com)* gehören.

Reiten am Strand, Tiere streicheln auf dem Bauernhof, tauchen in der Adria – kleine Gäste können in Montenegro viel erleben

CETINJE, PODGORICA & SKUTARISEE

Im Biljarda in Cetinje (128 C3–4) (*L–M4*) können Sie die Reiseroute der Familie auf neue Art lebendig werden lassen. Die riesige INSIDER TIPP Reliefkarte *(Eintritt Biljarda Erw. 3,50 Euro, Kinder 1 Euro, zzgl. 1 Euro für Reliefkarte)* im Südteil des Museumshofs zeigt ganz Montenegro auf einen Blick.

Ein spannendes Outdoorerlebnis für Kids wie Eltern ist ein Besuch im *Avanturistički park Lovćen* (128 B4) (*L5*) *(Ivanova Korita | 15. April–Mai, 15. Sept.–Okt. Sa, So 12–18, Juni–15. Sept. tgl. 10–18 Uhr, Eintritt Erw. 18 Euro, Kinder 8–13 Jahre 12 Euro, 5–8 Jahre 8 Euro | www.avanturistickipark.com)*, einem 2 ha großen Abenteuerpark im Lovćengebirge. Inmitten unberührter Natur kann man hier klettern, rutschen, kriechen und Hindernisse überwinden.

Am Stadtrand von Podgorica liegt der *Konjički klub Poni* (124 C5) (*O2*) *(Vranići | Mobiltel. 068 719404 | www.konjickiklubpony.yolasite.com)*, ein Ponyreitclub mit Minizoo.

DER NORDWESTEN

Auf den Bauernhöfen der Durmitorregion (124–125 B–D 2–3) (*U–W 11–12*) wird aus der Milch von freilaufenden Ziegen und Schafen Käse von Hand gemacht. Fragen Sie nach einem solchen *katun*. Die gastfreundlichen Montenegriner lassen Kinder mit den Tieren spielen und zusehen, wie der Käse entsteht.

DER NORDOSTEN

Der INSIDER TIPP *Botanische Garten* (125 D4) (*W13*) *(Botanička Bašta | tgl. 9–18 Uhr | Eintritt Erw. 3 Euro, Kinder 2 Euro)* von Dulovina bei Kolašin bewahrt die seltenen Pflanzen der Region. Das Lebenswerk des „Kräuterkönigs" von Montenegro, Daniel Vincek, ist ein kleines Paradies, das nicht nur Kinder begeistert.

EVENTS, FESTE & MEHR

FESTE & VERANSTALTUNGEN

Viele Veranstalter geben genaue Termine recht kurzfristig bekannt. Wenn auf dieser Seite kein Datum angegeben ist, fragen Sie vor Ort nach oder schauen Sie auf die Website der Tourismusorganisation *www.montenegro.travel*.

FEBRUAR

Mimosenfest in Herceg Novi: Mit buntem Treiben werden die ersten Mimosenblüten an der Uferpromenade begrüßt. Gelb, laut und empfehlenswert!

In der Karnevalszeit Maskenbälle und bunte Prozessionen entlang der Küste, unter anderem beim ***Karneval in Kotor***

Am 14. Februar ehren die Weinbauern ihren Schutzheiligen ***St. Trifun,*** beschneiden ihre Reben und lassen sie segnen.

APRIL

Palmsonntag (Vrbica) ist bei den Orthodoxen ein Kinderfest. Kränze aus Palmzweigen werden geflochten, eine kleine Glocke klingelt und Popen segnen die Festtagsprozession mit Weihrauch.

Jazz am Mittag heißt es am 30. April. Dann wird in zehn großen Städten, unter anderem Podgorica, Budva und Kotor, der Internationale Jazztag gefeiert.

MAI

Freeclimber klettern an den steilen Kliffs von Kotor und Nikšić um die Wette beim ***Montenegro Cup***.

Am 19. Mai findet landesweit die ***Nacht der Museen*** statt.

Geburtstag Titos: Auch wenn nicht alle Jugoslawen ihren sozialistischen Staat geliebt haben, ihren Präsidenten Tito haben sie innig verehrt. Am 25. Mai wird in Tivat mit Fahnen und Revolutionsgesängen sein Geburtstag gefeiert.

JULI

Die ***Fashion Week*** von Kotor zeigt Dior und Gucci, aber auch Kreationen einheimischer Designer.

INSIDER TIPP ***Festival der Männerchöre*** in Perast. Die *klape* haben höchstens acht Mitglieder und tragen ihr Repertoire a cappella vor.

Brückenspringen in Mojkovac: Wagemutige stürzen sich von der Tarabrücke in den Fluss und werden prämiert.

Unter deutschen Touristen noch als Geheimtipp gehandelt, mausert sich das INSIDER TIPP ***Sea Dance Festival*** *(www.seadancefestival.me)* zu einem der besten Musikevents in Europa. Am Strand Jaz bei Budva schwitzen Partypeople zu Rock und Elektro.

Die Montenegriner sind feierfreudig: Schon kurz nach Weihnachten wird die neue Saison mit dem ersten Frühlingsfest eingeläutet

AUGUST

Das ***Montenegro Filmfestival*** zeigt auf der Festung Kanli kula in Herceg Novi Filme aus der Region und aller Welt. Englische Untertitel gibt es nicht immer, aber die Vorführungen unter freiem Himmel sind in jedem Fall ein Erlebnis.

In Rožaje präsentieren kundige Sammler auf einer ***Pilz- und Kräutermesse*** alles, was in der Umgebung wächst.

SEPTEMBER

Foodmesse in Virpazar: Winzer, Obstbauern und Imker stellen ihre Produkte vor. Dazu gibt es Tanz und Gesang.

OKTOBER

Halloween in Budva: Hexen und Nixen haben einen Tag lang das Sagen.

DEZEMBER

Am 31. Dezember, kurz vor Mitternacht, sind in vielen Städten kostenlose ***Neujahrskonzerte*** unter freiem Himmel zu hören.

FEIERTAGE

1./2 Jan.	Neujahr
6./7. Jan.	Orthodoxes Weihnachtsfest
1. April 2018, 21. April 2019	Pessach
1./2. April 2018, 21./22. April 2019	Katholisches Osterfest
8./9. April 2018, 28./29. April 2019	Orthodoxes Osterfest
1./2. Mai	Tag der Arbeit
21. Mai	Unabhängigkeitstag
13. Juli	Tag der Staatsgründung
16./17. Juni 2018, 6./7. Juni 2019	Zuckerfest am Ende des Ramadans
13. Nov.	Geburtstag des Dichterfürsten Njegoš, Tag der Kultur
24./25. Dez.	Katholisches Weihnachtsfest

LINKS, BLOGS, APPS & CO.

LINKS & BLOGS

www.marcopolo.de/montenegro Alles auf einen Blick zu Ihrem Reiseziel: Interaktive Karten inklusive Planungsfunktion, Impressionen aus der Community, aktuelle News und Angebote ...

www.montenegro-reiseinfo.com Anna Marszalek aus München hat ein halbes Jahr in Montenegro gelebt. Sie bietet viele Informationen über Land und Leute

www.discover-montenegro.com Infos auf Englisch zu Kultur und Geschichte, Geografie und Natur. Außerdem: Tipps für Aktivitäten sowie zahlreiche Fotos

short.travel/mon1 Ein Reisebericht von Motorradfahrern, die das Land der schwarzen Berge durchquert haben. Interessante Infos und gute Fotos – lesenswert nicht nur für Biker

short.travel/mon2 Die Seite stellt Montenegrorouten für Motorradfahrer vor. Die detailliert auf Karten dargestellten Routenverläufe sind auch für Fahrradurlauber nützlich

short.travel/mon11 Er heißt Benjamin – so viel verrät der Weltenbummler, der hier bloggt. Auch Montenegro hat er, von Serbien kommend, ein paar Tage lang bereist. Der erste Eintrag erzählt von seiner Visite in Podgorica, danach geht es weiter über Kotor und Ulcinj Richtung Albanien. Hilfreiche Infos, witzig aufbereitet

short.travel/mon13 Shopping-Guide für Budva, den schicken Hotspot für Fashionistas an der montenegrinischen Adria. Vorgestellt werden aber nicht nur Modegeschäfte, zu entdecken gibt es auch Shops für Schmuck und Kunsthandwerk und sogar Ikonen im Laden der orthodoxen Kirche

short.travel/mon14 Sportbegeisterte finden auf der Website Routen zum Wandern, Biken oder Bergsteigen mitsamt Karten. Die knapp 400 Einträge können Sie durchsuchen und nach Kriterien wie Schwierigkeitsgrad, Länge und Kartenformat filtern. Außerdem gibt es Fotos zu jeder Route

Egal, ob für Ihre Reisevorbereitung oder vor Ort: Diese Adressen bereichern Ihren Urlaub. Da manche sehr lang sind, führt Sie der short.travel-Code direkt auf die beschriebenen Websites. Falls bei der Eingabe der Codes eine Fehlermeldung erscheint, könnte das an Ihren Einstellungen zum anonymen Surfen liegen

www.facebook.com/budva Die Adresse der Facebookseite führt in die Irre: Hier zeigt ein Fotograf nicht nur Bilder von Budva, sondern von ganz Montenegro. Aber auch interessante Links und Videos werden gepostet

www.couchsurfing.org Auch im gastfreundlichen Montenegro bieten Mitglieder der Community Besuchern eine kostenlose Unterkunft an

www.airbnb.de Hier finden Sie zahlreiche private Unterkünfte im Land, die auch von Mitgliedern der Community bewertet werden

VIDEOS

short.travel/mon3 Dieses private Reisevideo zeigt Impressionen aus dem Land und führt Sie unter anderem in die Bucht von Kotor, an den Skutarisee und in die Nationalparks Durmitor und Lovćen

short.travel/mon4 Der knapp 45-minütige Reisebericht über eine Floßfahrt auf der Tara zeigt eindrucksvolle Bilder von der Schlucht und dem wilden Fluss

short.travel/mon5 Der Film über den Nationalpark Durmitor ist Teil der Reisedokumentationsreihe Traveline. Auf deren Youtube-Channel sind drei weitere Clips über die Bucht von Kotor, den Skutarisee und die Zugstrecke von Bar nach Belgrad durch die Moračaschlucht zu sehen

short.travel/mon6 Die Künstlerin Marina Abramović, die montenegrinische Wurzeln hat, spricht im Video über das Projekt Macco in Cetinje (s. S. 19). Spannend ist der Film, der auch auf der Biennale in Venedig lief, aber vor allem wegen der Einblicke in die montenegrinische Seele und Abramovićs Familiengeschichte

APPS

Montenegro Talking Die Augmented-Reality-App für iOS-, Android- und Windows-Smartphones bringt Montenegro zum Sprechen. Mit Infos auf Englisch und Bildern werden kulturelle und historische Sehenswürdigkeiten vorgestellt

Peaks of the Balkans Auf dem Peaks of the Balkans Trail (s. S. 89) im Dreiländereck von Montenegro, Albanien und Kosovo ist die iOS-App mit ihren detaillierten Offlinekarten der Prokletijeregion ein hilfreicher Begleiter

PRAKTISCHE HINWEISE

ANREISE

Entweder fahren Sie über Slowenien und Kroatien auf der Küstenstraße E 65 nach Montenegro oder über Österreich beziehungsweise die Schweiz in die italienischen Hafenstädte Bari oder Ancona (auf der E 45/E 55). Von dort setzen Autofähren *(www.montenegrolines.net)* über nach Bar. Die Fahrt von Bari dauert neun bis zehn Stunden, ein Deckplatz kostet in der Hauptsaison etwa 50 Euro, die einfache Kabine 80 bis 100 Euro; pro PKW sind rund 80 Euro zu zahlen. Die Fahrt von Ancona dauert etwa 16 Stunden und ist etwas teurer.

Über Österreich fahren mehrmals am Tag Züge nach Belgrad, das unumgängliche Zwischenstation für die Weiterreise nach Montenegro ist. Von dort geht es über Bijelo Polje, Mojkovac, Kolašin und Podgorica bis nach Bar an der Adriaküste. Die Strecke gehört zu den landschaftlich eindrucksvollsten auf dem Balkan, sodass sich die Strapazen der etwa zwölfstündigen Fahrt allemal lohnen.

Busunternehmen wie *Touring Eurolines (www.touring.de)* haben zwar ein gut ausgebautes Netz zu allen Balkandestinationen, die Busfahrten nach Montenegro sind jedoch umständlich, weil sie meistens über Dubrovnik oder Belgrad gehen.

Linienflüge von deutschen Großflughäfen sowie aus der Schweiz gehen nach Tivat und Podgorica. Buchen können Sie bei *Montenegro Airlines (www.montenegroairlines.com)*. Zum Flughafen Ćilipi in Dubrovnik fliegt die Airline *Eurowings (www.eurowings.com)*. Die Weiterfahrt mit dem Taxi von Dubrovnik nach Budva (90 km) kostet etwa 110 Euro, nach Herceg Novi (20 km) zahlen Sie rund 50 Euro.

GRÜN & FAIR REISEN

Auf Reisen können auch Sie viel bewirken. Behalten Sie nicht nur die CO_2-Bilanz für Hin- und Rückreise im Hinterkopf *(www.atmosfair.de; de.myclimate.org)* – etwa indem Sie Ihre Route umweltgerecht planen *(www.routerank.com)* – , sondern achten Sie auch Natur und Kultur im Reiseland *(www.gate-tourismus.de; www.ecotrans.de)*. Gerade als Tourist ist es wichtig, auf Aspekte wie Naturschutz *(www.nabu.de; www.wwf.de)*, regionale Produkte, wenig Autofahren, Wassersparen und vieles mehr zu achten. Wenn Sie mehr über ökologischen Tourismus erfahren wollen: europaweit *www.oete.de*; weltweit *www.germanwatch.org*

AUSKUNFT

TOURISMUSBÜRO MONTENEGRO

Friedensstr. 7 | Frankfurt am Main | Tel. 069 24 24 62 28

NACIONALNA TURISTIČKA ORGANIZACIJA CRNE GORE (NTO)

Bulevar Sv. Petra Cetinjskog 130 | Podgorica | Tel. 077 10 00 01 | 24 Std. erreichbares Infotel. 13 00 | www.montenegro.travel

Von Anreise bis Zoll

Urlaub von Anfang bis Ende: die wichtigsten Adressen und Informationen für Ihre Montenegroreise

Zweigstellen der Nationalen Tourismusorganisation von Montenegro gibt es im ganzen Land, außerdem finden Sie in fast jedem Ort Reisebüros.

NACIONALNI PARKOVI CRNE GORE
Hier bekommen Sie Informationen zu den montenegrinischen Nationalparks. *Trg Vojvode Bećir-Bega Osmanagića 16 | Podgorica | Tel. 020 60 10 15 | www.nparkovi.me*

WAS KOSTET WIE VIEL?

Eis	1 Euro *für eine Kugel*
Imbiss	1,50 Euro *für ein Stück Pizza*
Kaffee	1–2 Euro *für eine Tasse Espresso*
Benzin	1,30–1,45 Euro *für 1 l Super*
Busfahrt	2,50 Euro *für eine Fahrt von Budva nach Petrovac (ca. 20 km)*
Bootstour	10–40 Euro *für ein Fischpicknick*

AUTO

Nationale Zulassung und nationaler Führerschein genügen. Die internationale grüne Versicherungskarte ist Pflicht, Sie müssen sie bei der Einreise an der Grenze vorzeigen. Es gelten folgende Höchstgeschwindigkeiten: innerorts 40 km/h, auf Landstraßen 80 km/h, auf Schnellstraßen 100 km/h. Fahrzeuge mit Anhänger dürfen höchstens 80 km/h fahren. Die Promillegrenze für Autofahrer liegt bei 0,5. Die Verkehrsstrafen in Montenegro sind empfindlich. Überholen im Tunnel oder fahren bei roter Ampel: Führerschein weg; telefonieren im Auto: 20 Euro; unangeschnallt fahren: 15 Euro. Informieren Sie nach einem Unfall unbedingt die Polizei. Bei Pannen unterwegs hilft der Notdienst: *Tel. 19807.* Der Bau der Autobahn von Bar nach Boljare an der serbischen Grenze hat 2016 begonnen. Im Landesinnern ist deshalb mit Staus zu rechnen. Die Küstenstraße zwischen Herceg Novi und Ulcinj sowie die Straßen von der Küste nach Podgorica und Cetinje sind in der Hochsaison meist verstopft. Stellen Sie sich daher auf längere Reisezeiten ein. Parkgebühren sind an der Küste extrem hoch, manchmal bis zu 15 Euro am Tag. Für die Sicherheit der Wagen wird selten garantiert.

BANKEN & KREDITKARTEN

Das Tageslimit für die Automatenauszahlung beträgt 700 Euro. Hotels und Supermärkte akzeptieren die gängigen Kreditkarten, im Restaurant und in kleineren Geschäften sollten Sie vorher fragen.

CAMPING

Campingplätze heißen *kampovi* oder *auto kampovi.* Sie sind überall gut ausgestattet. Infos unter: *www.camping.info/montenegro/campingplaetze*

DIPLOMATISCHE VERTRETUNGEN

DEUTSCHE BOTSCHAFT
Hercegovačka 10 | Podgorica | Tel. 020 44 10 00 | www.podgorica.diplo.de

ÖSTERREICHISCHE BOTSCHAFT
Svetlane Kane Radević 3 | Podgorica | Tel. 020 20 11 35 | podgorica-ob@bmeia.gv.at

SCHWEIZER VERTRETUNG
Schweizer erreichen ihre Ansprechpartner in der österreichischen Botschaft unter *Tel. 020 24 67 66.*

EINREISE

Ein Personalausweis reicht aus, wenn Sie nicht länger als 30 Tage im Land bleiben. Für Aufenthalte bis zu 90 Tage benötigen Sie einen Reisepass. Ausweisdokumente müssen bei der Einreise noch mindestens drei Monate gültig sein. In Montenegro muss jeder Tourist polizeilich gemeldet sein. In der Regel übernimmt das Ihr Vermieter, beim Einchecken müssen Sie deshalb meist einen Ausweis vorlegen. Wichtig: Nehmen Sie die Aufenthaltsanmeldung bei der Ausreise mit! Manchmal wird sie an der Grenze verlangt.

FKK

Es gibt kaum Möglichkeiten, in Montenegro nackt zu baden. Einer der wenigen FKK-Strände befindet sich auf der Insel Ada Bojana, in der Nähe von Ulcinj. In Ulcinj selbst ist ein kleiner Felsen für Naturisten reserviert. An der äußersten Spitze von Igalo liegt der kleine FKK-Strand Njivice. In anderen Orten fahren Fischerboote zu den kleinen Buchten, in denen FKK-Touristen baden. Vor Ort fragen!

GESUNDHEIT

In fast jedem Ort gibt es eine staatliche Ambulanz, die mit einem roten Kreuz gekennzeichnet ist. Die Rechnung muss

BÜCHER & FILME

Enzyklopädie der Toten – Danilo Kiš (1935–89) wird zu den bedeutendsten Literaten des Balkans gezählt. Seine Parabeln über Leben, Liebe und Tod haben ihn berühmt gemacht. Die meisten seiner Bücher sind auch auf Deutsch erschienen

Die Brücke über die Drina – Für die Geschichte der steinernen Brücke, die in der Türkenzeit über den Fluss Drina gebaut wurde, trug Ivo Andrić (1892–1975) 1961 den Nobelpreis nach Jugoslawien. Seinen Lebensabend verbrachte der Autor in Herceg Novi

Die neue Klasse – Das Hauptwerk von Milovan Đilas (1911–1995) übt starke Kritik am Sozialismus im damaligen Jugoslawien. Auch andere Bücher des ehemaligen montenegrinischen Partisanen, der später unter Tito zum Dissidenten wurde, sind ins Deutsche übersetzt

Die Schlacht an der Neretva – Der Streifen (1969) ist einer von mehreren Filmen, die der aus Nikšić stammende Regisseur Veljko Bulajić in den 1960er-Jahren über den Kampf der jugoslawischen Partisanen gegen die deutschen Truppen während des Zweiten Weltkriegs drehte. Die Produktionen wurden mit viel Geld vom jugoslawischen Staat unterstützt. In „Neretva" spielen unter anderen Yul Brynner und Hardy Krüger

vor Ort bezahlt werden, eine Auslandskrankenversicherung mit der Option des Krankenrücktransports ist empfehlenswert. In größeren Ortschaften haben sich Privatpraxen etabliert. Die Adressen der Ärzte – die meisten sprechen Englisch – erfährt man in jedem Touristenbüro vor Ort. Bei kleinen Notfällen helfen die gut ausgestatteten Apotheken.

INTERNETZUGANG & WLAN

Alle Hotels bieten WLAN an, die meisten Privatunterkünfte und Campingplätze auch. WLAN-Hotspots in Cafés sind ausgewiesen, auch manche Kneipen und Bars haben Internet. Im Prinzip gilt: je größer der Ort, desto besser die Internetanbindung. Um mit Ihrem Laptop unabhängig vom WLAN ins Internet zu gehen, können Sie Internetkarten bei den Postämtern kaufen.

KLIMA & REISEZEIT

Wenn im Juli und August die Temperaturen an der Küste bis auf 40 Grad klettern, im Tal um Podgorica sogar darüber, ist es im Durmitorgebirge noch immer frisch: höchstens 20 Grad. Die Winter am Meer sind mild, in den Bergen aber streng. Die schönsten Monate für einen Badeurlaub sind Mai/Juni und September/Oktober. Juli und August sind wegen der Hitze und aufgrund der Schulferien, die überfüllte Strände garantieren, etwas stressig. Das Wasser ist ab Juni über 20 Grad warm, am Ende der Saison bis zu 29 Grad. Zwischen Dezember und März liegt in den Bergen viel Schnee, Ski fahren können Sie mancherorts aber sogar im Sommer.

KURTAXE

Die Kurtaxe ist meist im Preis für Ihre Unterkunft enthalten. Sie betrug bei Redaktionsschluss je nach Ort und Hotel 1 Euro bis 1,50 Euro pro Tag, soll aber noch 2017 erhöht werden.

MIETWAGEN

Filialen internationaler oder nationaler Autovermietungen gibt es in allen größeren Ferienorten. Auch Reisebüros kümmern sich um die Buchung. Die Anmietung vor Ort ist meist preiswerter als die Reservierung über große Anbieter wie Avis oder Europcar. Vorab sollten Sie Preise und Leistung vergleichen, da manche Firmen Steuern und Versicherung zusätzlich berechnen.

NOTRUF

Polizei Tel. 122, Feuerwehr Tel. 123, Notarzt Tel. 124, Bergwacht Tel. 040 25 60 84
Denken Sie bei Anrufen mit nicht montenegrinischer SIM-Karte an die Ländervorwahl: *00382*.

ÖFFENTLICHE VERKEHRSMITTEL

Ein flächendeckendes Autobusnetz verbindet alle größeren Städte miteinander, auch an der Küste verkehren mehrere Linien regelmäßig zwischen den Hauptdestinationen. Tickets können sowohl am Busbahnhof *(autobuska stanica)* als auch beim Fahrer gekauft werden und sind, verglichen mit westeuropäischen Tarifen, sehr günstig. Die von Bar nach Belgrad verkehrende Bahn hält mehrmals täglich in Sutomore, Podgorica, Kolašin, Mojkovac und Bijelo Polje.

ÖFFNUNGSZEITEN

Es gibt keine festen Öffnungszeiten. Geschäfte und Restaurants sind im Sommer oft bis Mitternacht geöffnet. Viele Ämter haben ab 16 Uhr geschlossen. Die Postämter sind an Werktagen zwischen 7 und 20 Uhr geöffnet, in der Touristensaison mitunter sogar länger.

PREISE

Die Lebensmittelpreise sind in den letzten Jahren um fast 50 Prozent gestiegen, Wurst und Käse etwa sind nur noch unwesentlich günstiger als in Deutschland. Gleiches gilt für Obst und Gemüse, das nicht importiert ist. Zudem sind die Preise im Land nicht einheitlich. Z. B. zahlen Sie in Bar für viele Produkte weniger als in Budva. Das Leben im Landesinneren ist grundsätzlich günstiger. Teuer sind auch die Strandliegen: Etwa 10 Euro pro Tag ist die Regel, für luxuriöse Strandbetten mit Baldachin zahlen Sie bis zu 100 Euro.

SPRACHE

Die Suche nach einer bestimmten Straße kann sich in Montenegro schwierig gestalten. Während in diesem Reiseführer und im Internet Adressen leicht lesbar, weil in der lateinischen Schrift sind, finden Sie vor Ort Straßennamen nur in kyrillischen Schriftzeichen. Da hilft oft nur noch fragen. Im Süden und Nordosten Montenegros ist Albanisch neben Montenegrinisch zweite Amtssprache. Straßenschilder sind deshalb zweisprachig, die Stadt Ulcinj z. B. heißt auch Ulqin.

In Ihrem MARCO POLO Reiseführer finden Sie häufig die Abkürzung Sv. Sie steht für die montenegrinischen Formen des Wortes Sankt, also Sveti (männlich) und Sveta (weiblich).

WETTER IN BUDVA

	Jan.	Feb.	März	April	Mai	Juni	Juli	Aug.	Sept.	Okt.	Nov.	Dez.
Tagestemperaturen in °C	3	3	15	18	22	26	29	29	26	22	15	5
Nachttemperaturen in °C	-3	-2	6	10	14	18	20	20	17	13	8	0
Sonnenschein Stunden/Tag	3	4	5	7	9	10	11	11	8	7	4	3
Niederschlag Tage/Monat	14	13	12	13	14	13	9	9	8	11	14	14
Wassertemperaturen in °C	13	13	14	15	17	22	23	25	22	20	18	15

 Sonnenschein Stunden/Tag · Niederschlag Tage/Monat · Wassertemperaturen in °C

TELEFON & HANDY

Montenegro hat mehr Handys als Einwohner, drei Mobilfunkbetreiber buhlen um die Kundschaft: Telenor (069), m:tel (068) und T-Com (067). Die Minutenpreise sind höher als in Deutschland, auch Internetverbindungen sind viel teurer. Wenn Sie vor Ort mit dem Handy telefonieren wollen, kaufen Sie am besten eine Prepaidkarte mit einer montenegrinischen Nummer am Zeitungskiosk oder im Supermarkt. Bei der Post gibt es Karten für Festnetzverbindungen, Sie können auch gleich vor Ort telefonieren. Wenn Sie innerhalb des Landes telefonieren, wählen Sie die Orts- bzw. Mobilfunkvorwahl, die immer mit einer Null beginnt, und dann die Anschlussnummer. Telefonieren Sie vom Festnetz innerhalb eines Orts, entfällt die Ortsvorwahl. Bei Anrufen aus dem Heimatland nach Montenegro und umgekehrt wählen Sie die Landesvorwahl, gefolgt von der Orts- bzw. Mobilfunkvorwahl ohne die führende Null und der Anschlussnummer. Internationale Vorwahlen: Deutschland *0049*, Österreich *0043*, Schweiz *0041*, Montenegro *00382*.

TRINKGELD

In Cafés ist es üblich, kleine Beträge aufzurunden. Für Touristen ist es jedoch angemessen, 10 bis 15 Prozent des Gesamtbetrags auf die Rechnung aufzuschlagen.

UNTERKUNFT

Die Zeit der dürftig möblierten Zimmer *(sobe)* an der Küste ist vorbei, sie werden nur noch in den Bergen angeboten. Unzählige Nobelherbergen wachsen an der Adria in den Himmel. Auch private Apartments *(apartmani)* gibt es überall – Internet und Kabel-TV gehören hier selbstverständlich dazu. Das Preisgefälle an der Küste ist groß: Herceg Novi, Budva oder Perast haben die höchsten Preise, ab Petrovac Richtung Ulcinj wird es billiger. In der Vor- und Nachsaison fallen die Preise um bis zu 40 Prozent. Im Internet gibt es zahlreiche Angebote, z. B. auf *www.montenegro-sea.com*. In den Unterkünften direkt an den Promenaden, aber auch in den Altstädten (etwa in Budva oder Kotor) kann es nachts laut werden.

WÄHRUNG

Obwohl Montenegro noch kein EU-Mitglied ist, hat es einseitig den Euro als Zahlungsmittel eingeführt. Eigene Münzen darf das Land nicht prägen.

ZEIT

Es gilt die MEZ beziehungsweise MESZ.

ZOLL

Die Ein- und Ausfuhr von Devisen ist bis zu einem Betrag von 10 000 Euro möglich. Eingeführt werden dürfen keine Lebensmittel, jedoch Trockenobst, Tee und Kaffee, 2 l Saft und 5 l Wasser. Weiterhin sind 2 l alkoholische Getränke mit weniger als 22 Prozent oder 1 l Spirituosen mit mehr als 22 Prozent Alkoholgehalt, 200 Zigaretten oder 50 Zigarren oder 250 g Tabak zollfrei. Dieselben Freimengen für Alkohol und Tabakwaren gelten bei der Rückkehr in die EU. Freimengen bei Rückreise in die Schweiz: 5 l alkoholische Getränke bis 18 Prozent Alkoholgehalt und 1 l mit mehr als 18 Prozent, 250 Zigaretten bzw. Zigarren oder 250 g Tabak. Zusätzlich wird bei Einreise in die Schweiz Mehrwertsteuer fällig, wenn der Wert der eingeführten Waren 300 Franken übersteigt. Weitere Infos: *www.zoll.de, www.bmf.gv.at/zoll, www.ezv.admin.ch*

SPRACHFÜHRER MONTENEGRINISCH

AUSSPRACHE

Das Montenegrinische wird in der Regel so ausgesprochen, wie es geschrieben wird. Besonderheiten:
č – tsch wie in **Tsch**eche; **ć** – zwischen tch und tsch, etwa wie in Hü**tch**en;
đ – dsch wie in **Dsch**ungel; **š** – stimmloses sch wie in **sch**ön; **ž** – stimmhaftes sch wie in **J**alousie.
Alle Vokale sind offen und müssen in jeder Stellung deutlich ausgesprochen werden. Bei Vokalverbindungen ist jeder einzelne Vokal hörbar: reuma = re-uma.
Das Silben bildende **r** muss ebenfalls deutlich ausgesprochen werden: v**r**ba, K**r**k.
Die Konsonanten haben immer die gleiche Aussprache: le**d** – Eis (d, nicht t), bo**g** – Gott (g, nicht k).
Abkürzungen: *f* = weibliche Sprecherin

AUF EINEN BLICK

ja/nein/vielleicht	da/ne/možda
bitte/danke	molim/hvala
Entschuldige!	Oprosti (Izvini)!/Pardon!
Entschuldigen Sie!	Oprostite (Izvinite)!
Darf ich ...?	Da li mogu ...?
Wie bitte?	Molim?
Ich möchte .../Haben Sie ...?	Želim .../Da li imate?
Wie viel kostet ...?	Koliko košta?
Das gefällt mir (nicht).	To mi se (ne) sviđa.
gut/schlecht	dobro/loše
kaputt/funktioniert nicht	nije ispravno
zu viel/viel/wenig	previše/mnogo/malo
alles/nichts	sve/ništa
Hilfe!/Achtung!/Vorsicht!	Upomoć!/Pažnja!/Oprez!
Krankenwagen/Polizei/Feuerwehr	ambulantna kola/policija/vatrogasci
Verbot/verboten	zabrana/zabranjeno
Gefahr/gefährlich	opasnost/opasno
Darf ich Sie fotografieren?	Da li smem da Vas fotografišem?

BEGRÜSSUNG & ABSCHIED

Gute(n) Morgen/Tag/ Abend/Nacht!	Dobro jutro!/Dobar dan!/ Dobro veče!/Laku noć!

Govoriš li crnogorski?

„Sprichst du Montenegrinisch?" Dieser Sprachführer hilft Ihnen, die wichtigsten Wörter und Sätze auf Montenegrinisch zu sagen

Hallo!/Auf Wiedersehen!	Zdravo!/Doviđenja!
Tschüss!	Zdravo!/Ciao!
Ich heiße ...	Zovem se ...
Wie heißen Sie/heißt du?	Kako se zovete/zoveš?
Ich komme aus ...	Dolazim iz ...

DATUMS- & ZEITANGABEN

Montag/Dienstag/Mittwoch	ponedjeljak/utorak/srijeda
Donnerstag/Freitag/Samstag	četvrtak/petak/subota
Sonntag/Feiertag	nedjelja/praznik
heute/morgen/gestern	danas/sjutra/juče
Stunde/Minute	sat/minuta
Tag/Nacht/Woche/Monat/Jahr	dan/noć/sedmica/mjesec/godina
Wie viel Uhr ist es?	Je sati?
Es ist drei Uhr.	Tri sata je.
Es ist halb vier.	Tri i po.
Viertel vor vier	petnaest do četiri
Viertel nach vier	četiri i petnaest minuta

UNTERWEGS

offen/geschlossen	otvoreno/zatvoreno
Eingang/Ausgang	ulaz/izlaz
Abfahrt/Abflug/Ankunft	odlazak/polijetanje/dolazak
Toiletten/Damen/Herren	WC, toalet/žene/muškarci
(kein) Trinkwasser	(nije) pijaća voda
Wo ist ...?/Wo sind ...?	Gdje je ...?/Gdje su ...?
links/rechts/geradeaus/zurück	lijevo/desno/pravo/nazad
nah/weit	blizu/daleko
Bus/Straßenbahn/U-Bahn/Taxi	autobus/tramvaj/metro/taksi
Haltestelle/Taxistand	stajalište/taksi-stanica
Parkplatz/Parkhaus	parking/parking garaža
Stadtplan/(Land-)Karte	plan grada/geografska (auto)-karta
Bahnhof/Hafen/Flughafen	željeznička stanica/luka/aerodrom
Fahrplan/Fahrschein	red vožnje/biljet, karta
einfach/hin und zurück/Zuschlag	jednostavno/tamo i nazad/doplata
Zug/Gleis/Bahnsteig	voz/kolosek/peron
Ich möchte ... mieten.	Htio (*f* htjela) bih ... da iznajmim.
ein Auto/ein Fahrrad/ein Boot	auto/bicikl/čamac
Tankstelle/Benzin/Diesel	benzinska pumpa/benzin/dizel
Panne/Werkstatt	kvar/automehaničarska radionica

ESSEN & TRINKEN

Reservieren Sie uns bitte für heute Abend einen Tisch für vier Personen.	Molim vas rezervaciju za večeras jedan sto za četiri osobe.
auf der Terrasse/am Fenster	na terasi/pored prozora
Die Speisekarte, bitte.	Jelovnik, (meni) molim.
Könnte ich bitte ... haben?	Molim vas, htio (*f* htjela) bih ...?
Flasche/Karaffe/Glas	bocu/bokal/čašu
Messer/Gabel/Löffel	nož/viljušku/kašiku
Salz/Pfeffer/Zucker/Essig/Öl	so/biber/šećer/sirće/ulje
Milch/Sahne/Zitrone	mlijeko/skorup/limun
mit/ohne Eis	sa/bez leda
mit/ohne Kohlensäure	gazirana/negazirana
Vegetarier(in)/Allergie	vegetarijanac (*f* vegetarijanka)/alergija
Ich möchte zahlen, bitte.	Molim vas, htio (*f* htjela) bih da platim.
Rechnung/Quittung/Trinkgeld	račun/priznanica/bakšiš

EINKAUFEN

Wo finde ich ...?	Gdje mogu naći?
Ich möchte .../Ich suche ...	Htio (*f* htjela) bih .../Tražim ...
Bäckerei/Markt/Lebensmittelgeschäft	pekara/pijaca/tržnica
Einkaufszentrum/Kaufhaus	šoping mol/robna kuća
Supermarkt/Zeitungsladen/Kiosk	supermarket/trafika/kiosk
100 Gramm/1 Kilo	sto grama/jedan kilogram
teuer/billig/Preis	skupo/jetino/cijena
mehr/weniger	više/manje
aus biologischem Anbau	organska hrana

ÜBERNACHTEN

Ich habe ein Zimmer reserviert.	Rezervisao sam jednu sobu.
Haben Sie noch ...?	Da li imate još ...?
Einzelzimmer/Doppelzimmer	jednokrevetnu sobu/dvokrevetnu sobu
Frühstück/Halbpension/Vollpension	doručak/polupansion/puni pansion
nach vorne/zum Meer/zum See	naprijed/prema moru/prema jezeru
Dusche/Bad	tuš/kupatilo
Balkon/Terrasse	balkon/terasa
Schlüssel/Zimmerkarte	ključevi/elektronska karta za sobu
Gepäck/Koffer/Tasche	prtljag/kufer/torba

BANKEN & GELD

Bank/Geldautomat/Geheimzahl	banka/bankovni automat/lični broj
bar/ec-Karte/Kreditkarte	keš/elektronska kartica/kreditna kartica
Banknote/Münze/Wechselgeld	novčanica/metalni novac/kusur

GESUNDHEIT

Arzt/Zahnarzt/Kinderarzt	ljekar/zubar/dječji ljekar, pedijatar
Krankenhaus/Notfallpraxis/Apotheke	bolnica/urgentni centar/apoteka
Fieber/Schmerzen	groznica/bolovi
Durchfall/Übelkeit	proliv, dijareja/mučnina
Sonnenbrand	opekotine od sunca
entzündet/verletzt	upala, infekcija/povrijeđen
Pflaster/Verband	flaster/zavoj
Schmerzmittel/Tablette/Zäpfchen	analgetik/tableta/čepići

TELEKOMMUNIKATION & MEDIEN

Briefmarke/Brief/Postkarte	poštanska marka/pismo/razglednica
Ich brauche eine Telefonkarte fürs Festnetz.	Treba mi jedna telefonska kartica za fiksni telefon.
Ich suche eine Prepaidkarte für mein Handy.	Tražim jednu pripejd-karticu za mobilni telefon.
Wo finde ich einen Internetzugang?	Gdje ću naći internet-vezu?
Internetanschluss/WLAN	utičnica za internet/WLAN

FREIZEIT, SPORT & STRAND

Strand/Strandbad	plaža/kupalište
Sonnenschirm/Liegestuhl	suncobran/ležaljka
Ebbe/Flut/Strömung	osjeka/plima/struja
Seilbahn/Sessellift	žičara/ski-lift
(Schutz-)Hütte/Lawine	planinska brvnara/lavina

ZAHLEN

0	nula	15	petnaest
1	jedan (*f* jedna, *n* jedno)	16	šesnaest
2	dva (*f* dvije)	17	sedamnaest
3	tri	18	osamnaest
4	četiri	19	devetnaest
5	pet	70	sedamdeset
6	šest	80	osamdeset
7	sedam	90	devedeset
8	osam	100	sto, stotina
9	devet	200	dvjesta
10	deset	1000	hiljadu
11	jedanaest	2000	dvije hiljade
12	dvanaest	10000	deset hiljada
13	trinaest	½	polovina
14	četrnaest	¼	četvrtina

REISEATLAS

Verlauf der Erlebnistour „Perfekt im Überblick“
Verlauf der Erlebnistouren

Der Gesamtverlauf aller Touren ist auch in der herausnehmbaren Faltkarte eingetragen

 Bild: Rijeka Crnojevića

Unterwegs in Montenegro

Die Seiteneinteilung für den Reiseatlas finden Sie auf dem hinteren Umschlag dieses Reiseführers

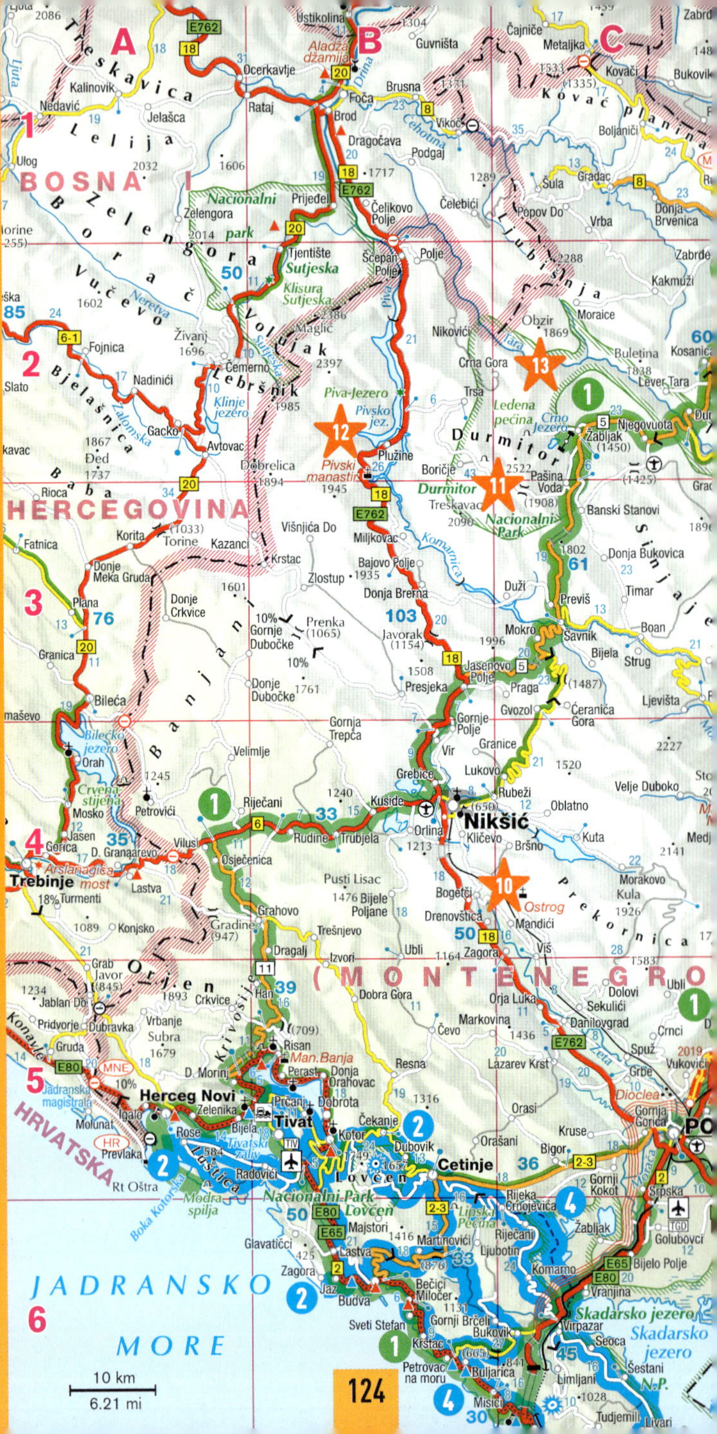
A
B
C
1
2
3
4
5
6
BOSNA I
HERCEGOVINA
(MONTENEGRO
HRVATSKA
JADRANSKO
MORE
Treskavica
Lelija
Zelengora
Borač
Vučevo
Volujak
Lebršnik
Bjelašnica
Baba
Banjani
Orjen
Krivošije
Kovač planina
Ljubišnja
Durmitor
Sinjajevina
Prekornica
Lovćen
Luštica
Nacionalni park Sutjeska
Klisura Sutjeska
Durmitor Nacionalni Park
Nacionalni Park Lovćen
Skadarsko jezero N.P.
Skadarsko jezero
Piva-Jezero
Pivsko jez.
Bilećko jezero
Klinje jezero
Crno Jezero
Ledena pećina
Crvena stijena
Lipska Pećina
Modra spilja
Boka Kotorska
Tivatski zaliv
Jadranska magistrala
Arslanagića most
Aladža džamija
Pivski manastir
Ostrog
Man.Banja
Dioclea
Ustikolina
Foča
Brod
Ocerkavlje
Rataj
Kalinovik
Nedavić
Jelašca
Ulog
Dragočava
Podgaj
Brusna
Guvništa
Čajniče
Metaljka
Kovači
Bukovik
Vikoč
Boljanići
Šula
Gradac
Čelebići
Popov Do
Vrba
Donja Brvenica
Zabrđe
Kakmuži
Moraice
Obzir
Buletina
Kosanica
Lever Tara
Čelikovo Polje
Šćepan Polje
Prijeđel
Tjentište
Maglić
Zelengora
Fojnica
Nadinići
Živanj
Čemerno
Gacko
Avtovac
Đed
Dobrelica
Plužine
Boričje
Trsa
Crna Gora
Nikovići
Žabljak
Njegovuđa
Pašina Voda
Treškavac
Banski Stanovi
Donja Bukovica
Timar
Boan
Strug
Bijela
Ljevišta
Šavnik
Mokro
Previš
Duži
Višnjića Do
Miljkovac
Bajovo Polje
Donja Brezna
Zlostup
Krstac
Kazanci
Torine
Korita
Fatnica
Donje Meka Gruda
Donje Crkvice
Plana
Granica
Bileća
Orah
Mosko
Jasen
Gorica
Trebinje
Lastva
D. Granđarevo
Turmenti
Konjsko
Petrovići
Velimlje
Riječani
Vilusi
Osječenica
Rudine
Trubjela
Kuside
Grebice
Orlina
Nikšić
Kličevo
Bršno
Kuta
Oblatno
Rubeži
Lukovo
Granice
Vir
Gornje Polje
Gvozd
Praga
Jasenovo Polje
Presjeka
Javorak
Prenka
Gornje Dubočke
Donje Dubočke
Gornja Trepča
Ćeranića Gora
Velje Duboko
Medj
Morakovo
Kula
Pusti Lisac
Bijele Poljane
Bogetići
Drenovštica
Mandići
Viš
Zagora
Grahovo
Trešnjevo
Gradine
Dragalj
Izvori
Ubli
Dobra Gora
Han
Crkvice
Vrbanje
Subra
Grab
Javor
Jablan Do
Pridvorje
Dubravka
Gruda
Konavle
Risan
Perast
Donja Orahovac
Dobrota
D. Morinj
Herceg Novi
Zelenika
Igalo
Bijela
Rose
Molunat
Prevlaka
Rt Oštra
Radovići
Tivat
Prčanj
Kotor
Čekanje
Dubovik
Cetinje
Resna
Čevo
Markovina
Orja Luka
Lazarev Krst
Orasi
Orašani
Bigor
Kruse
Dolovi
Sekulići
Danilovgrad
Crnci
Spuž
Grbe
Vukovići
Gornja Gorica
Zeta
Morača
Rijeka Crnojevića
Gornji Kokot
Srpska
Žabljak
Golubovci
Bijelo Polje
Riječani
Ljubotin
Komarno
Vranjina
Virpazar
Seoca
Šestani
Limljani
Tudjemili
Livari
Majštori
Martinovići
Glavatičci
Lastva
Zagora
Jaz
Budva
Bečići
Miločer
Sveti Stefan
Gornji Brčeli
Bukovik
Krstac
Petrovac na moru
Buljarica
Misići
E762
E80
E65
MNE
HR
10 km
6.21 mi

D
E
F
1
2
3
4
5
6
SRB
Priboj
Banja
Negbina
Jasenovo
Katići
Ivanjica
Budoželja
Rutoši
Močioci
Brezova
Opaljenik
Pobijenik
Lim
Kokin Brod
Štitkovo
Pridvorica
Nova Varoš
Bistrica
Zlatarsko Jezero
Kušići
Rovine
Kumanica
Bare
Draževici
Komarani
Gledjica
Zlatar
Prijepolje
Babine
Bandier
Granica
Štatina
Selijašnica
Jabuka
Cadinje
Manastir Mileševa
Mileševo
Zlatar Nacionalni Park
Radijevići
Kladnica
Uvac
Javor
Didići
Gradac
Golija
Jankov Kamen
Divci
Aljinovići
Otilovići
Kačevo
Donje Lopiže
Donja Vapa
Brnjica
Gračanica
Mataruge
Kamena Gora
Miloševac Do
Jadovik
Donje Gonje
Trijebine
Sjenica
Staval
Šare
Duga Poljana
Osaonica
Brodarevo
Vrulja
Ražaginja
SRBIJA
Grab
Gostun
Krajinovića
Kovren
Lisa planina
Komar
Žabren
Ljudska
Vučiniće
Zaumsko
Budjevo
Rasno
Manastir Sopoćani
Crnoča
Povino Polje
Stozer
Metanjac
Melaj
Sebečev
Barice
Tomaševo
Potkrajci
Rasovo
Savino Polje
Pešter
Ugao
Suvi Do
Donje Korito
Žirče
Jelin Vrh
Bijelo Polje
Hum
Tutin
Lepenac
Vlaško Polje
Zaton
Tara
Bistrica
Donja Polja
Bajišta
Ostrelj
Kruščica
Krstača
Paučina
Batrače
Bužica
Mojkovac
Šlitari
Biogradska jezero
Bjelasica
Zagrad
Trpezi
Bišecvo
Vuča
Bač
Špiljani
Sjenogošte
Donji Lipovo
Donji Zapstro
Djurajevi Stupovi
Ibar
Rožaje
Besnik
Mokra Gora
Rovačko Trebaljevo
Crna Glava
Muškovica
Rijeka
Lubnica
Berane
Kalače
Ibarac
Pogled
Zub
Mioska
Kolašin
Biogradska gora Nacionalni Park
Pečša
Kaludra
Dubovik
Kaliçan
Crkvine
Skrbuša
Trepča
Jašovići
Hajla
Bogë
Parku Kombëtar Bjeshkët e Nemuna
Radavac
Djurdjevina
Mateševo
Gnjili Potok
Andrijevica
Drelaj
Novosello
Jabuka
Bare
Luge
Kuqishtë
Shtupeli i Madh
Pećka Patrijaršija
Vitumirus
Tuzi
Veruša
Komovi
Cecuni
Velika
Cakor
Gryka e Rugovës
Bjeshkët e Lumbardhit
Lijleva Rijeka
Katun Maglić
Murino
Brezojevica
Mariash
Pejë Peć
Raushiq
Vermosh
Kuti
Visitor
Plav
Plavsko Jezero
Belaje
Strellci i Epërm
Boljesestra
Zijovo
Gusinje
Akani
KOSOVË
Manastir Dečani
Deçan
Kržanja
Prokletije N.P.
Vusanje
Vrulja
Prokletije
Gjeravicë
Liqeni i Rodoneč
Lepushë
Selcë
Vukël
Korita
Cem
Tamarë
Qerem
Junik
Batushë
Stepov
Valbonë
RICA
Parku Kombëtar i Thethit
maja e Jezercës
Okol
Dragobi
Shkëlzen
Parku Kombëtar Lugina e Valbonës
Koldet
Moriné
Skivjan
Ponashec
Seliŝte
Bjeshkët e Nemuna
Maj'e Marocës
Tropojë
Koreniç
Theth
Starë
Rrazëm
Ducaj
Curraji Epërm
Bajram Curri
Bajraku Hotit
Maj'e Kakis
Lugat
Babaj-Bokës
Zhub
Goraj
Nicaj
Gjonpepaj
Vlad
Zogaj
Bajzë
Dedaj
SHQIPËRIA
Qorraj
Letaj
Kodër Shëngjergj
Bajë
Drin
Kir
Liqeni i Komanit
Apripë e Gurit
Fierzë
Kokaj
Koplik
Dardhë
Helshan
Zahrisht
Ibballë
Gruemire
Spas
Ur'e Shtrenjtë
Maj'e Cukalit
Vilë
Flet
Liqeni i Fierzë

A
B
C
1
2
3
4
5
6
4 km
2.49 mi
Ustputnica
Broćanac
Donji-
Staj.Viluse
Mrkajići
Petrovići
Vilusi
(920)
Skorča gora
1076
Klobuk
948
Bolosave
-Spila
Okolišta
Razmuće
Grahovska pećina
Elezov Do
Zagora
1187
Droškorica
1323
Pišteti
Savino brdo
1153
Osječenica
1252
Grahovac
Zakurjaj
1258
Grahovo
(722)
Zaslap
(676)
Petkovići
Dolovi
Arandelovo
(345)
Breštani
Župa
430
Glavica
Sušica
Sehovića
Želj.st.Lastva
Gornja-
Skočigrm
Vučijak
Nudo
Korjenići
Grabovica
Zagone
Zaguli
Jabukovac
673
(614)
11
Umac
Dragalj
1177
Jovičina Voda
Kulina
1206
38
(394)
Orahovac
Skorupan
993
Budinje
Mići Motika
1302
1257
Poljkovac
Pod han
Debeli brijeg
958
Štitula
1084
1293
Popov Do
Lisac
1593
Mačija planina
1346
BOSNA I
Borova Glava
1160
Gvozd
1308
1501
Konjsko
Krstati Do
1341
Bijela
Gubar
1679
Grahovo
Poljana
gora
1097
Crkvice
HERCEGOVINA
Ubla
Koprivni Do
Bogojević Selo
V. Jastrobica
1865
Pazua
1771
Vučji zub
1802
Štirovnik
1650
Zasade
Mali Štirovnik
1722
Orjen
1895
1525
Stjepov Do
CRN
Zvečava
1195
Svitaavac
1528
Grab
Ive
Pod Duge
1594
1334
Velja greda
1298
(MONTENEG
Dvorište
Ograde
Prijevor
Vrbanje
1007
Crljena grda
1548
1391
Baštik
839
Jablan-Do
Ulice
1041
Krnji-Do
Crni Do
Kabao
1470
Štedar
1164
Vardište
Kruševica
(654)
Vući Do
Subra
1680
Dubovi Do
Dragomano
1102
Sitnica
Poljiči
Radoštak
1446
Bunov
(670)
Ravat
816
Ilijina Kita
1089
Dobrostica
1570
Žlijebi
Konavoska-Krajnje
Dunave-
Dubravka
Mrcine
Petijevići
Surčuge
Gojković
Mandići
Ploča
Sv. Nikola
Lastva
Presjeka
Ljuta
Zastoje
Vatusi
Lazarevići
Vidov vrh
781
Mokrine
(509)
Kameno
Sasovici
Trebešin
Podi
92
Crnjegovina
Vodovada
Palje Brdo
Bani
Tušići
Mojdež
Ratiševina
Španjola
Meljine
Savina
148
Prijevor
320
Lučići
43
Šušćepan
Igalo
Topla
Kanli kula
(55)
Gruda
(84)
Karasovići
Pločice
Sutorina
Čista gora
561
Đurinići
Studeno
480
Herceg-Novi
AMS
Gornj-
Radovčići
344
Poljice
Konavoške stijene
Mikulići
Špulje
475
Topaljski zal.
Murijatično slani radioaktivni izvor
Njivice
HRVATSKA
Višnjići
Vitaljina
Žvinje
Molunat
Veliki Molunat
Bezboge
Gornji-Kobila
452
Rt Dobreč
Lučica
137
Mitrovići
-Kraj
Boka kotorska
Mali Molunat
49
VELJI ŠKOLJ
Jadransko More
Prevlaka
61
Oštri rt

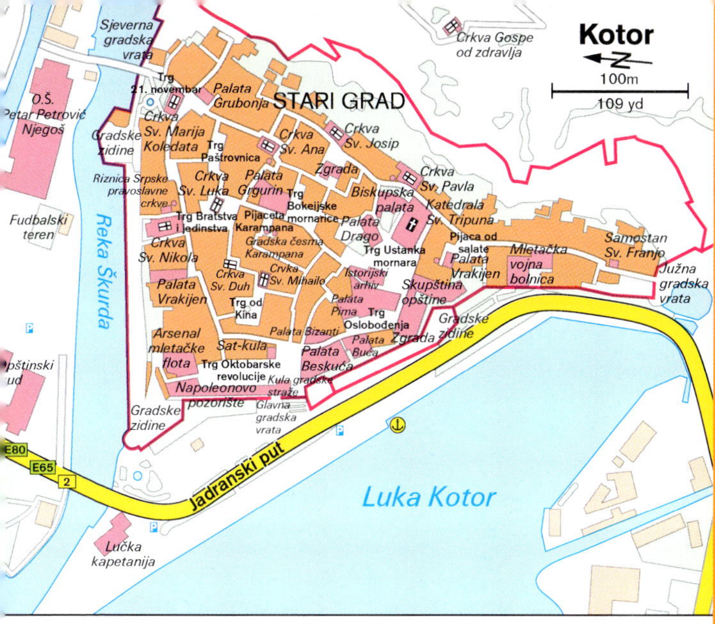
Kotor
100m
109 yd
STARI GRAD
Sjeverna gradska vrata
Trg 21. novembar
Palata Grubonja
O.Š. Petar Petrović Njegoš
Crkva Sv. Marija Koledata
Gradske zidine
Trg Paštrovnica
Crkva Sv. Ana
Crkva Sv. Josip
Crkva Gospe od zdravlja
Zgrada
Crkva Sv. Pavla
Biskupska palata
Katedrala Sv. Tripuna
Riznica Srpske pravoslavne crkve
Crkva Sv. Luka
Palata Grgurin
Trg Bokeijske mornarice
Trg Bratstva i jedinstva
Pijaceta Karampana
Gradska česma Karampana
Palata Drago
Trg Ustanka mornara
Pijaca od salate
Palata Vrakijen
Mletačka vojna bolnica
Samostan Sv. Franjo
Južna gradska vrata
Fudbalski teren
Reka Škurda
Crkva Sv. Nikola
Crkva Sv. Duh
Crkva Sv. Mihailo
Istorijski arhiv
Skupština opštine
Palata Vrakijen
Trg od Kina
Palata Pima
Trg Oslobođenja
Gradske zidine
Arsenal mletačke flota
Sat-kula
Palata Bizanti
Palata Buća
Zgrada
Palata Beskuća
Trg Oktobarske revolucije
Kula gradske straže
Napoleonovo pozorište
Glavna gradska vrata
Gradske zidine
Opštinski sud
E80
E65
2
Jadranski put
Luka Kotor
Lučka kapetanija

Ledenice
Velje Selo
Jezer
Vučí Do
Vojk
D
E
F
Risan
Klajevići
Orahovac
Vališta
Kučište
Dragomi Do
A G O R A
Sv. Petra i Pavla
Velinići
Banja
Sv. Đorđe
Kula Baje Pivljanin
Dražin Rt
Sv. Stasije
Ljuta
Dobrota
Mali-Zalazi
Krnji Do
Bojanovica spilja
Bukovica
Muzej
Sokolova greda
Glogovac
Marovići
Veliki-
1350
Risanski zaliv
GOSPA OD SKRPJELA
SV. ĐORĐE
Perast
Kotorski zaliv
Dugi Do
Njeguši
Vrba
Krstac
Sv. Matija
Gornji-Stoliv
Donji-Stoliv
Pasiglav
Prčanj
Lepetane
Kostanjica
Đurići
Gornja-Lastva
Sv. Vid
Vrmac
768
Sv. Ivan
Sv. Nikola
AMS
Kotor
Vučí Do
Njegoš mauzolej
Žanjev Do
Štirovnik
1660
1749
Kamenari
Kruševica
Donji-Matkovići
Morinj
Lipci
Jošica
Opatovo
Lastva
Đuraševići
Muo
Pomorski muzej
Sv. Tripun
Škaljari
Bogdašići
890
Lovćen
Bijela
Kalimože
Donja-Lastva
Brajkovići
Sv. Petar
Sv. Šimun
Tivat
Devesilje
Rize Bogorodičine
781
Rt Pijavica
Porto Montenegro
Mrčevac
Kavač
Trojika
228
Kuk
Gornji-Baošići
Račica
Odoljen
Aerodrom Tivat
Mirac
Tivatski zaliv
Dub
PREVLAKA
TIV
Banic
SV. MARKO
OTOK
Solioško polje
E80
Naljeţići
(372)
Sutvara
Šišići
Poda
Prijeradi
Pelinovo
Bjelila
Pristan
Zabrde
Mitrovići
Donji Krašići
Krašići
Radovići
Đuraševići
Bogišići
Pržno
Sv. Đorđe
Ljješević
Radoanovići
Sv. Tripun
Obostnik
Babunci
Gošići
Krtole
Grabovac
Bratešići
Mrkovi
Radovanovići
Vranovići
Prčja glava
Pobrđe
LUŠTICA
(315)
Brgulji
Kipetani
Zal. Trašte
Bigovo
Ukropci
Žanjica
Begovići
Rt Trašte
Kučice
Kubasi
Arza
Mačka
Glavatičići
Rt Mirišta
Rt Kočište
Dobra luka
Kovači
Modra spilja
Karadžića pecina
Zlatna luka
Tiješna luka
Rt Žukovac
Popović
Zagora
E65
128

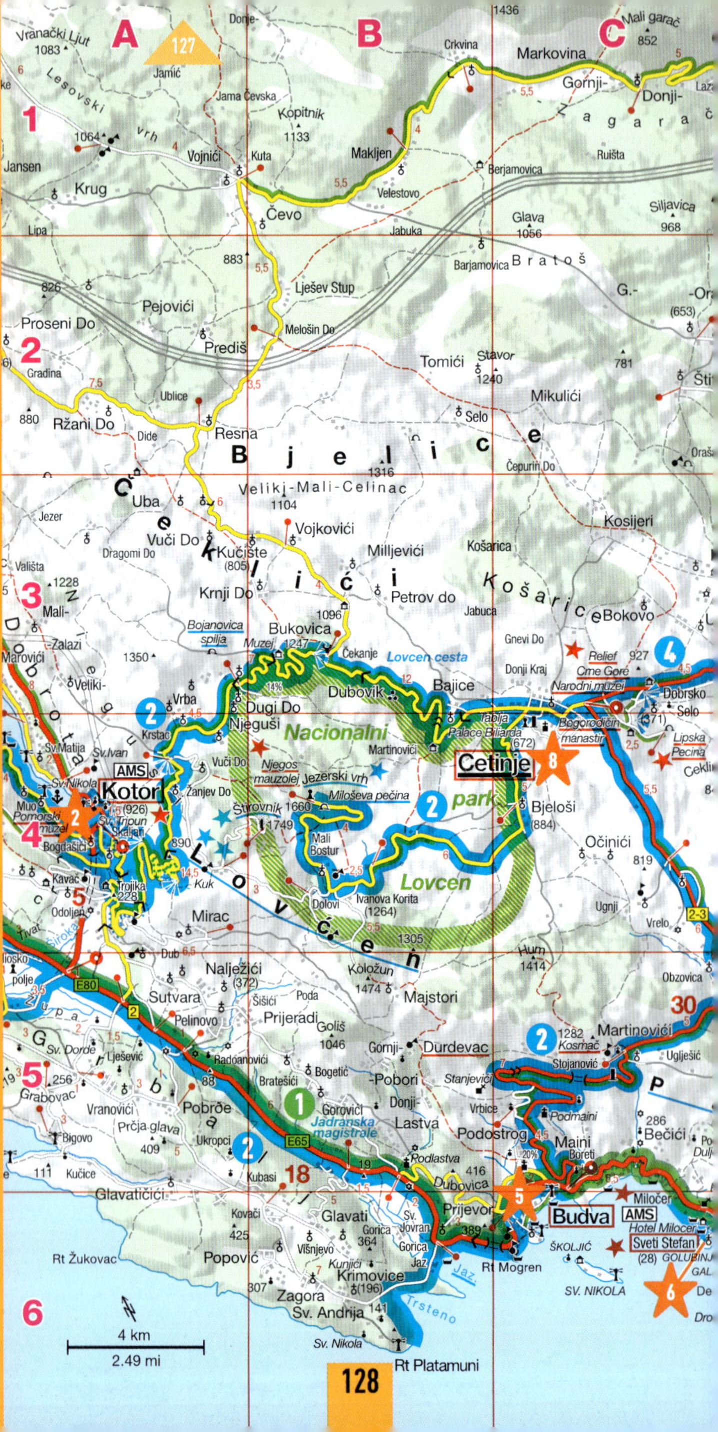

A
B
C
127
Vranački Ljut
1083
Jamić
Lesovski vrh
1064
Jama Čevska
Kopitnik
1133
Crkvina
1436
Markovina
Mali garač
852
Gornji-
Donji-
Zagarač
Makljen
Ruišta
Jansen
Krug
Vojnići
Kuta
Velestovo
Berjamovica
Čevo
Lipa
Jabuka
Glava
1056
Siljavica
968
883
Barjamovica
Bratoš
826
Pejovići
Lješev Stup
G.-
-Or
(653)
Proseni Do
Melošin Do
Prediš
Gradina
Tomići
Stavor
1240
781
Ublice
Mikulići
880
Ržani Do
Resna
Selo
Dide
Bjelice
Čepurin Do
Uba
Veliki-Mali-Celinac
1316
1104
Cekliči
Jezer
Vojkovići
Vučí Do
Kučište
(805)
Milljevići
Košarica
Kosijeri
Dragomi Do
Vališta
1228
Krnji Do
Petrov do
Košarice
Bokovo
Mali-
Bojanovica spilja
1096
Jabuca
Dobrota
Zalazi
Bukovica
1247
Muzej
Čekanje
Lovcen cesta
Gnevi Do
Relief Crne Gore
927
Marovići
1350
Veliki-
Dubovik
Donji Kraj
Narodni muzej
Dobrsko Selo
Vrba
Dugi Do
Bajice
Tablja
Palace Biliarda
(672)
Bogorodičin manastir
(371)
Krstac
Njeguši
Nacionalni
Sv.Matija
Sv.Ivan
Martinovići
Lipska Pecina
Sv.Nikola
AMS
Kotor
Vučí Do
Njegos mauzolej
Jezerski vrh
Cetinje
Muo
Pomorski muzej
(926)
Sv.Tripun
Žanjev Do
Miloševa pećina
park
Bjeloši
(884)
Škaljari
Štirovnik
1660
1749
Bogdašići
890
Mali Bostur
Očinići
819
Kavač
Trojika
228
Lovcen
Kuk
Dolovi
Ivanova Korita
(1264)
Ugnji
Vrelo
Odoljen
Mirac
1305
Tivat
Široka
Dub
Hum
1414
Naljezići
(372)
Koložun
1474
Obzovica
polje
E80
Sutvara
Šišići
Poda
Majstori
30
Župa
Pelinovo
Prijeradi
Goliš
1046
Martinovići
Sv. Đorđe
Lješević
Radoanovići
Gornji-
Durdevac
1282
Kosmač
Stojanović
Ugliješić
256
Grabovac
Bratešići
Bogetić
-Pobori
Stanjevići
Vranovići
Pobrđe
Gorovići
Donji-
Vrbice
Podmaini
286
Bečići
Prčja glava
Jadranska magistrale
Lastva
Bigovo
Ukropci
E65
Podostrog
Maini
Boreti
409
18
Kučice
Kubasi
Podlastva
416
Glavatičići
Dubovica
Miločer
Kovači
Glavati
Prijevor
Budva
AMS
425
Sv. Jovran
Hotel Miločer
Gorica
364
389
Sveti Stefan
Rt Žukovac
Popović
Višnjevo
Gorica
ŠKOLJIĆ
(28)
Jaz
Rt Mogren
Kunjići
Krimovice
(196)
SV. NIKOLA
307
Zagora
Sv. Andrija
141
Trsteno
4 km
2.49 mi
Sv. Nikola
Rt Platamuni

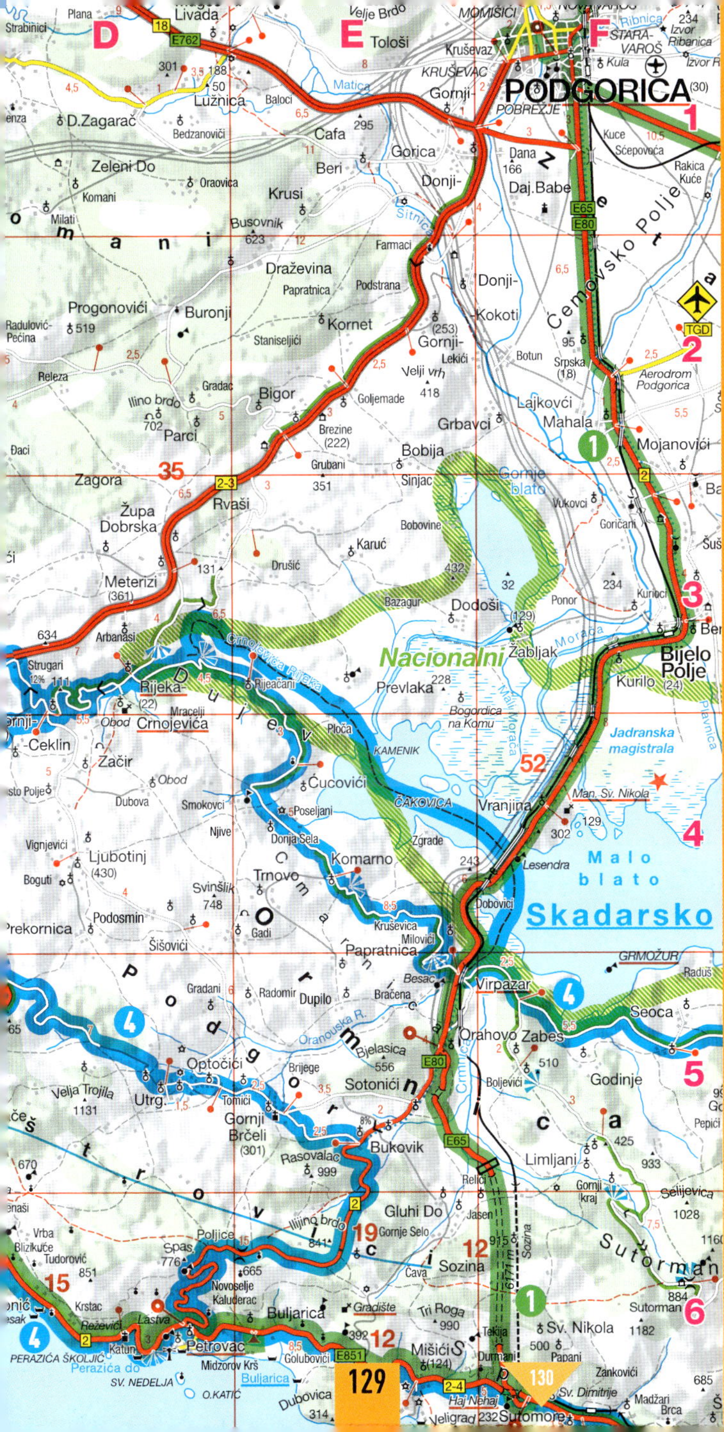
D
E
F
1
2
3
4
5
6
PODGORICA
Podgorica
Livada
Lužnica
D.Zagarač
Bedzanovići
Zeleni Do
Komani
Oraovica
Milati
Krusi
Busovnik
Dračevina
Papratnica
Podstrana
Progonovići
Buronji
Staniseljići
Kornet
Radulović-Pećina
Releza
Gradac
Ilino brdo
Parci
Bigor
Goljemade
Brezine
Grubani
Zagora
Župa Dobrska
Rvaši
Meterizi
Arbanasi
Strugari
Rijeka-Crnojevića
Crnojevića Rijeka
Rijećani
Obod
Mraceji
Ceklin
Začir
Dubova
Smokovci
Njive
Ljubotinj
Boguti
Vignjevići
Podosmin
Prekornica
Šišovići
Svinšlik
Trnovo
Gadi
Komarno
Donja Sela
Poseljani
Ćucovići
Ploča
KAMENIK
ČAKOVICA
Zgrade
Dobovići
Kruševica
Milovići
Papratnica
Besac
Virpazar
Radomir
Dupilo
Bračena
Gradani
Oranouska R.
Bjelasica
Brijege
Sotonići
Optočići
Velja Trojila
Utrg.
Tomići
Gornji Brčeli
Bukovik
Rasovalac
Ilijino brdo
Gornje Selo
Gluhi Do
Poljice
Spas
Novoselje
Kaluđerac
Buljarica
Gradište
Tri Roga
Mišići
Tekija
Durmani
Sutomore
Haj Nehaj
Veligrad
Dubovica
Golubovići
Midzorov Krš
Buljarica
O.KATIĆ
SV. NEDELJA
Perazića do
PERAZIĆA ŠKOLJIĆ
Katun
Petrovac
Lastva
Reževići
Krstac
Tudorović
Blizikuće
Vrba
Sv. Nikola
Papani
Zankovići
Sv. Dimitrije
Madžari
Brca
Sutorman
Sutorman
Seljevica
Gornji kraj
Limljani
Godinje
Boljevići
Orahovo
Zabes
Seoca
Raduš
GRMOŽUR
Skadarsko
Malo blato
Lesendra
Vranjina
Man. Sv. Nikola
Jadranska magistrala
Plavnica
Kurilo
Bijelo Polje
Žabljak
Nacionalni
Prevlaka
Bogordica na Komu
Mala Morača
Morača
Dodoši
Bazagur
Karuč
Drušić
Bobovine
Sinjac
Bobija
Gornje blato
Vukovci
Goričani
Ponor
Kurioci
Mojanovići
Mahala
Lajkovći
Grbavci
Velji vrh
Gornji-Lekići
Kokoti
Donji-
Botun
Srpska
Aerodrom Podgorica
TGD
Ćemovsko Polje
Zeta
Daj.Babe
Dana
Kuce
Šćepovoća
Rakica Kuće
Farmaci
Sitnica
Gorica
Beri
Cafa
Baloci
Matica
Gornji-
Pobrežje
Kruševac
KRUŠEVAC
Momišići
Velje Brdo
Tološi
Plana
Strabinici
Stara Varoš
Kula
Ribnica
Izvor Ribanica
Komani
Podgorm
Sozina
Sozina
Relići
Jasen
Cava
Crmnica
E762
E65
E80
E851
35
52
19
12
15
129
130

A
B
C
1
2
3
4
5
6
Žabljak
Morača
Berslavci
Bijelo Polje
Javnik
129
Kurilo
Plavnica
Jadranska magistrala
Nacionalni park
Man. Sv. Nikola
Vranjina
302
Lesendra
Malo blato
Dobovići
Skadarsko jezero
GRMOŽUR
Raduš
Krnjice
Krnjičko oko
Seoca
STARČEVO
Zabes
510
Boljevići
Godinje
Vučedapići
Dračevica
Đuravci
Šestani
Sv. Đorđe
BEŠKA
997
Golik
Karanikići
Pepići
Dedići
Donji-
Bes
(107)
MORAČNIK
Limljani
425
933
Dedići
Murići
Gurza
Gornji kraj
Seljievica
1028
Bobovištansko
Bijaca
Gornji-
Pinčići
Livari
Gornja-
1160
1186
707
Sutorman
Tudemili
(364)
Briska
Donja-
Tejani
884
978
Sutorman
Krajina
Tekija
Sv. Nikola
1182
Zupci
Rumija
1593
Lumetić
Durmani
500
Papani
Zankovići
Sv. Dimitrije
685
Mali Mikulici
1174
Međurječje
CRNA GORA
(MONTENEGRO)
Nehaj
Madžari
Brca
Šušanj
(145)
Sustaš
232
Sutomore
Zagrađe
260
Stari Bar
Veliki Mikulici
Bartula
Sutomorski zaliv
Knježdevo
Ancona
Maljevik
Barsko
Topolica
sidrište
Cetluga
Tomba
Loška
1351
Zaljev
Poda
Polje
Dobra Voda
Dabezići
Volujica
Mahala
Lisice
Velje Selo
(468)
Bar
AMS
Voluvica
256
Mrkojevići
Veliki Zabio
Mrkojević
Dubrava
Rt Maret
Pečurie
Komina
Kunje
(325)
Karastani
Masline
23
Bari
Kruče
Staro Ulcinj
Kruta
Jadransko More
Kruče
Rt Rep
Valdanos
Rt Mendra
4 km
2.49 mi

D
E
F
Koplik
Jubicë
-e Sipërm
Stërbicë-
-e Poshtëm
Kalldrun
Dobër
Gërcar
Mushtër
Gjorm
Grud-Fushë
Ktosh
136
66
Omarë
Boriç
Vorfa
Rash e -Vorfës
Kodrë e Boksit
Rash i Vogel
Gukaj
Dragoçi
Hamidije
1
S H Q I P Ë R I A
(A L B A N I A)
Liqeni i
Shkodrës
Grilë
Grudë e Re
33
25
Shto i Ri
Derginaj
Dobrac
2
SHKODËR
(SKUTARI)
Xhamia Plumbit
BAZAR
TEPE
Kuç
Shirokë
Baçallek
TOPHANA
89
DUZICA
Zogaj
Maj i Kolishit
Maji Taraboshit
595
382
514
Babat
Valas
Zuës
-e Sipërm
Kozefat
3
Čkla
Martići
Arbnes
Villgar
Bërdicë-
-e Poshtëm
774
250
Kostanica
Ostros
Dodië
Oblikë
Daragjat
Maguš
Šingli
915
Kravari
Shtuf
214
Muriqan
L. Bunë
Kishë e Shirgjit
Rastiš
Gorica
Gornji-
Bojka
Draginja
Dajc
Obot
Shirq
Mushan
44
Sukobin
228
Mide
Suma
-Kosić
Samrish
Poshtëm
4
Mali-
-Kaliman
Donji-
Brajše
486
Skordulle
(39)
Veliki-
Selita
51
Štodra
Rushkull
Bunës
793
Krute
Vladimir
Šas
Belaj
Ambula
88
Freskanjel
118
Pentar
Bojane
Vijë e Mortemzës
Pelinkovići
Klezna
Veljka
Međurječ
Šasko jezero
86
Sv.Đorđe
(11)
Prekal
Breg i
133
5
Bojana
Gorana
Briska gora
184
Darza
Luarz
Mali Sutjel
56
167
Reč
Mal i Reçit
M o ž u r a
622
Zoganje
Đurke
Ulcinjsko Polje
Kneta
467
Salč
Kolomza
Pistula
Reç
Bregnat
Jadranska magistrala
510
Kama
Bratica
Ulcinjska solana
Donji Štoj
Rzok
Gornji
Štoj
Sv. Nikola
(11)
36
Pusit
Pula
(13)
E851
Kodre
138
Soline
Žal
ADA
6
dinos
Mandra
Česma
108
Velika plaža
Milena
Ulcinj
AMS
(23)
7
Rt Đeran
Ušće Bojane

KARTENLEGENDE

Autobahn · Gebührenpflichtige Anschlussstelle · Gebührenstelle · Anschlussstelle mit Nummer · Rasthaus mit Übernachtung · Raststätte · Kleinraststätte · Tankstelle · Parkplatz mit und ohne WC	Trento 11	Motorway · Toll junction · Toll station · Junction with number · Motel · Restaurant · Snackbar · Filling-station · Parking place with and without WC
Autobahn in Bau und geplant mit Datum der voraussichtlichen Verkehrsübergabe	Datum Date	Motorway under construction and projected with expected date of opening
Zweibahnige Straße (4-spurig)		Dual carriageway (4 lanes)
Fernverkehrsstraße · Straßennummern	14 E45	Trunk road · Road numbers
Wichtige Hauptstraße		Important main road
Hauptstraße · Tunnel · Brücke		Main road · Tunnel · Bridge
Nebenstraßen		Minor roads
Fahrweg · Fußweg		Track · Footpath
Wanderweg (Auswahl)		Tourist footpath (selection)
Eisenbahn mit Fernverkehr		Main line railway
Zahnradbahn, Standseilbahn		Rack-railway, funicular
Kabinenschwebebahn · Sessellift		Aerial cableway · Chair-lift
Autofähre · Personenfähre		Car ferry · Passenger ferry
Schifffahrtslinie		Shipping route
Naturschutzgebiet · Sperrgebiet		Nature reserve · Prohibited area
Nationalpark · Naturpark · Wald		National park · natural park · Forest
Straße für Kfz. gesperrt		Road closed to motor vehicles
Straße mit Gebühr		Toll road
Straße mit Wintersperre	XII-II	Road closed in winter
Straße für Wohnanhänger gesperrt bzw. nicht empfehlenswert		Road closed or not recommended for caravans
Touristenstraße · Pass	Weinstraße 1510	Tourist route · Pass
Schöner Ausblick · Rundblick · Landschaftlich bes. schöne Strecke		Scenic view · Panoramic view · Route with beautiful scenery
Heilbad · Schwimmbad		Spa · Swimming pool
Jugendherberge · Campingplatz		Youth hostel · Camping site
Golfplatz · Sprungschanze		Golf-course · Ski jump
Kirche im Ort, freistehend · Kapelle		Church · Chapel
Kloster · Klosterruine		Monastery · Monastery ruin
Synagoge · Moschee		Synagogue · Mosque
Schloss, Burg · Schloss-, Burgruine		Palace, castle · Ruin
Turm · Funk-, Fernsehturm		Tower · Radio-, TV-tower
Leuchtturm · Kraftwerk		Lighthouse · Power station
Wasserfall · Schleuse		Waterfall · Lock
Bauwerk · Marktplatz, Areal		Important building · Market place, area
Ausgrabungs- u. Ruinenstätte · Bergwerk		Arch. excavation, ruins · Mine
Dolmen · Menhir · Nuraghen		Dolmen · Menhir · Nuraghe
Hünen-, Hügelgrab · Soldatenfriedhof		Cairn · Military cemetery
Hotel, Gasthaus, Berghütte · Höhle		Hotel, inn, refuge · Cave
Kultur		**Culture**
Malerisches Ortsbild · Ortshöhe	WIEN (171)	Picturesque town · Elevation
Eine Reise wert	★★ MILANO	Worth a journey
Lohnt einen Umweg	★ TEMPLIN	Worth a detour
Sehenswert	Andermatt	Worth seeing
Landschaft		**Landscape**
Eine Reise wert	★★ Las Cañadas	Worth a journey
Lohnt einen Umweg	★ Texel	Worth a detour
Sehenswert	Dikti	Worth seeing
MARCO POLO Erlebnistour 1		**MARCO POLO Discovery Tour 1**
MARCO POLO Erlebnistouren		**MARCO POLO Discovery Tours**
MARCO POLO Highlight	1	**MARCO POLO Highlight**

FÜR IHRE NÄCHSTE REISE ...

ALLE **MARCO POLO** REISEFÜHRER

DEUTSCHLAND

Allgäu
Bayerischer Wald
Berlin
Bodensee
Chiemgau/ Berchtesgadener Land
Dresden/ Sächsische Schweiz
Düsseldorf
Eifel
Erzgebirge/ Vogtland
Föhr & Amrum
Franken
Frankfurt
Hamburg
Harz
Heidelberg
Köln
Lausitz/Spreewald/ Zittauer Gebirge
Leipzig
Lüneburger Heide/ Wendland
Mecklenburgische Seenplatte
Mosel
München
Nordseeküste Schleswig-Holstein
Oberbayern
Ostfriesische Inseln
Ostfriesland/Nordseeküste Niedersachsen/Helgoland
Ostseeküste Mecklenburg-Vorpommern
Ostseeküste Schleswig-Holstein
Pfalz
Potsdam
Rheingau/ Wiesbaden
Rügen/Hiddensee/ Stralsund
Ruhrgebiet
Schwarzwald
Stuttgart
Sylt
Thüringen
Usedom
Weimar

ÖSTERREICH SCHWEIZ

Kärnten
Österreich
Salzburger Land
Schweiz
Steiermark
Tessin
Tirol
Wien
Zürich

FRANKREICH

Bretagne
Burgund
Côte d'Azur/ Monaco
Elsass
Frankreich
Französische Atlantikküste
Korsika
Languedoc-Roussillon
Loire-Tal
Nizza/Antibes/ Cannes/Monaco
Normandie
Paris
Provence

ITALIEN MALTA

Apulien
Dolomiten
Elba/Toskanischer Archipel
Emilia-Romagna
Florenz
Gardasee
Golf von Neapel
Ischia
Italien
Italienische Adria
Italien Nord
Italien Süd
Kalabrien
Ligurien/ Cinque Terre
Mailand/ Lombardei
Malta & Gozo
Oberital. Seen
Piemont/Turin
Rom
Sardinien
Sizilien/ Liparische Inseln
Südtirol
Toskana
Venedig
Venetien & Friaul

SPANIEN PORTUGAL

Algarve
Andalusien
Azoren
Barcelona
Baskenland/ Bilbao
Costa Blanca
Costa Brava
Costa del Sol/ Granada
Fuerteventura
Gran Canaria
Ibiza/ Formentera
Jakobsweg Spanien
La Gomera/ El Hierro
Lanzarote
La Palma
Lissabon
Madeira
Madrid
Mallorca
Menorca
Portugal
Spanien
Teneriffa

NORDEUROPA

Bornholm
Dänemark
Finnland
Island
Kopenhagen
Norwegen
Oslo
Schweden
Stockholm
Südschweden

WESTEUROPA BENELUX

Amsterdam
Brüssel
Dublin
Edinburgh
England
Flandern
Irland
Kanalinseln
London
Luxemburg
Niederlande
Niederländische Küste
Schottland
Südengland

OSTEUROPA

Baltikum
Budapest
Danzig
Krakau
Masurische Seen
Moskau
Plattensee
Polen
Polnische Ostseeküste/ Danzig
Prag
Slowakei
St. Petersburg
Tallinn
Tschechien
Ungarn
Warschau

SÜDOSTEUROPA

Bulgarien
Bulgarische Schwarzmeerküste
Kroatische Küste Dalmatien
Kroatische Küste Istrien/Kvarner
Montenegro
Rumänien
Slowenien

GRIECHENLAND TÜRKEI ZYPERN

Athen
Chalkidikí/ Thessaloníki
Griechenland Festland
Griechische Inseln/ Ägäis
Istanbul
Korfu
Kos
Kreta
Peloponnes
Rhodos
Sámos
Santorin
Türkei
Türkische Südküste
Türkische Westküste
Zákinthos/Itháki/ Kefalloniá/Léfkas
Zypern

NORDAMERIKA

Chicago und die Großen Seen
Florida
Hawai'i
Kalifornien
Kanada
Kanada Ost
Kanada West
Las Vegas
Los Angeles
New York
San Francisco
USA
USA Ost
USA Südstaaten/ New Orleans
USA Südwest
USA West
Washington D.C.

MITTEL- UND SÜDAMERIKA

Argentinien
Brasilien
Chile
Costa Rica
Dominikanische Republik
Jamaika
Karibik/ Große Antillen
Karibik/ Kleine Antillen
Kuba
Mexiko
Peru & Bolivien
Yucatán

AFRIKA UND VORDERER ORIENT

Ägypten
Djerba/ Südtunesien
Dubai
Israel
Jordanien
Kapstadt/ Wine Lands/ Garden Route
Kapverdische Inseln
Kenia
Marokko
Marrakesch
Namibia
Oman
Rotes Meer & Sinai
Südafrika
Tansania/Sansibar
Tunesien
Vereinigte Arabische Emirate

ASIEN

Bali/Lombok/ Gilis
Bangkok
China
Hongkong/Macau
Indien
Indien/Der Süden
Japan
Kambodscha
Ko Samui/ Ko Phangan
Krabi/ Ko Phi Phi/ Ko Lanta/ Ko Jum
Malaysia
Myanmar
Nepal
Peking
Philippinen
Phuket
Shanghai
Singapur
Sri Lanka
Thailand
Tokio
Vietnam

INDISCHER OZEAN UND PAZIFIK

Australien
Malediven
Mauritius
Neuseeland
Seychellen

Viele MARCO POLO Reiseführer gibt es auch als eBook – und es kommen ständig neue dazu!
Checken Sie das aktuelle Angebot einfach auf: www.marcopolo.de/e-books

Hier finden Sie alle in diesem Reiseführer erwähnten Orte, Ausflugsziele, Berge und Flüsse sowie wichtige Personennamen. Gefettete Seitenzahlen verweisen auf den Haupteintrag.

ZU SCHNELL FAHREN

Es kann anstrengend sein, wenn Busse oder Lastwagen den Verkehr bremsen und Sie hinterhertuckern müssen. Lassen Sie sich in solchen Momenten nicht dazu verleiten, aufs Gaspedal zu drücken, sondern lehnen Sie sich lieber zurück und fahren langsam und vorsichtig. Auf den kurvenreichen Straßen und in den Bergen Montenegros ist das sicherer. Zudem wachen überall Radarkontrollen oder Polizisten über die Einhaltung des Tempolimits.

LEITUNGSWASSER TRINKEN

In vielen Ortschaften, vor allem an der Küste, fließt noch immer das sogenannte technische Wasser aus dem Hahn. Es ist kein Trinkwasser! Deshalb: Lieber eine Flasche Mineralwasser an den Strand mitnehmen.

DIE SCHWARZEN BERGE UNTERSCHÄTZEN

Der bergige Norden ist noch immer ein touristischer Geheimtipp. Jedoch ist das Wetter auf 1500 m Höhe oft unberechenbar, und die Wege sind nicht immer so gut gekennzeichnet, wie man es aus deutschen Gebirgsregionen kennt. Deshalb ist es ratsam, in Gruppen von mindestens drei Personen auf Tour zu gehen und auf Wanderungen einen Bergführer mitzunehmen. Informieren Sie sich außerdem vorher über das Wetter. Geben Sie vor dem Beginn der Tour in Ihrer Unterkunft Bescheid, und nehmen Sie zur Sicherheit die Nummer Ihres Hotels mit.

EINFACH INS TAXI STEIGEN

Taxen gibt es, vor allem an der Küste, sehr viele, doch nicht alle Fahrer sind ehrlich. Das Taxameter hat nicht viel zu sagen, der vorher ausgemachte Preis aber gilt. Also: Bevor Sie in den Wagen steigen, fragen Sie, was die Fahrt kostet, und handeln Sie. Die meisten Fahrer sprechen ein paar Brocken Englisch. Wenn Sie längere Fahrten planen, holen Sie direkt am Taxistand verschiedene Angebote ein.

MOSCHEEN MIT SCHUHEN BETRETEN

In kleineren muslimischen Gemeinden sind spontane Einladungen, Moscheen zu besichtigen, keine Seltenheit. Ziehen Sie davor Ihre Schuhe aus, wie die Muslime es auch tun! Für Besuche von Kirchen und Klöstern gilt: Betreten Sie die Gebäude nicht in allzu lockerer Kleidung. Orthodoxe Gläubige verlassen religiöse Orte übrigens rückwärts – mit Blick auf die Ikonen.

FRAGEN NACH SPRACHE UND RELIGION STELLEN

Montenegro ist ein multikulturelles Land: Serben, Albaner, Kroaten und Bosnier leben hier, weniger als die Hälfte der Einwohner bezeichnen sich als Montenegriner. Die Lage ist kompliziert, der Streit um Sprache und Nation dauert an. Nicht minder kompliziert ist die Frage nach der Religionszugehörigkeit. Wenn Sie mit Einheimischen ins Gespräch kommen, reden Sie lieber übers Wetter, das ist unproblematisch.

SCHREIBEN SIE UNS!

Egal, was Ihnen Tolles im Urlaub begegnet oder Ihnen auf der Seele brennt, lassen Sie es uns wissen! Ob Lob, Kritik oder Ihr ganz persönlicher Tipp – die MARCO POLO Redaktion freut sich auf Ihre Infos.
Wir setzen alles dran, Ihnen möglichst aktuelle Informationen mit auf die Reise zu geben. Dennoch schleichen sich manchmal Fehler ein – trotz gründlicher Recherche unserer Autoren/innen. Sie haben sicherlich Verständnis, dass der Verlag dafür keine Haftung übernehmen kann.

MARCO POLO Redaktion
MAIRDUMONT
Postfach 31 51
73751 Ostfildern
info@marcopolo.de

IMPRESSUM
Titelbild: St. Nicholas Church, Perast, Kotor Bay (Schapowalow/4Corners: J. Foulkes)
Fotos: D. Antonović (1 u.); R. Freyer (14/15); Getty Images: E. Borner (107), B. Brecelj (19 u.), S. Condrea (23), L. L. Grandadam (4 u., 28 r.), Istankov (69), O. Slobodeniuk (2); Getty Images/MStudioImages (5, 102/103); huber-images: Grandadam (28 l.), J. Huber (12/13, 50, 59), S. Kremer (41, 110 u.), B. Morandi (20/21); G. Knoll (61, 106/107); Laif: M. Cavalier (26/27, 73), Henseler (43), K. Henseler (4 o., 32/33), F. Heuer (Klappe l., 11, 17, 29, 44, 81, 82, 86, 89, 104, 111), T. & B. Morandi (52, 70, 122/123), Zahn (9); Laif/Haytham-Rea: L Cousin (37); Laif/Le Figaro Magazine: E. Martin (7, 56); Laif/NYT/Redux: C. Chase (18 M.); Laif/robertharding: S. Black (63), A. Copson (31, 64/65), F. Fell (30/31, 55, 95); Lookphotos: G. Bayerl (38, 48/49, 110 o.), D. Schoenen (47); Lookphotos/Blend Images (18 o.); Lookphotos/robertharding (90/91); mauritius images/age fotostock: S. Hauser (108/109); mauritius images/Alamy (8, 78), eFesenko (34), B. Klement (97), E. Lokteva (19 o.); mauritius images/artpartner-images.com/Alamy (18 u.); mauritius images/imagebroker: C. Handl (76/77); mauritius images/imagebroker/Paul Williams - Funkystock (Klappe r.); mauritius images/Lumi Images: Romulic-Stojcic (108), D. Secen (3); mauritius images/nature picture library/Radisic/Wild Wonders of Europe (24); mauritius images/Photoshot Creative (74); mauritius images/Prisma: S. Ember (30); mauritius images/RnDmS/Alamy (10, 84/85); mauritius images/Westend61: E. Strigl (66), E. Strigl (6); mauritius images/Zoonar/Alamy (101); C. Nowak (109); Schapowalow/4Corners: J. Foulkes (1 o.); Transit Archiv: Rotting (106)

5. Auflage 2017
Komplett überarbeitet und neu gestaltet

Chefredaktion: Marion Zorn
Autoren: Danja Antonović, Markus Bickel; Redaktion: Felix Wolf
Verlagsredaktion: Stephan Dürr, Lucas Forst-Gill, Susanne Heimburger, Nikolai Michaelis, Martin Silbermann, Kristin Wittemann
Bildredaktion: Gabriele Forst, Stefanie Wiese
Kartografie Reiseatlas: © MAIRDUMONT, Ostfildern; Kartografie Faltkarte: © MAIRDUMONT, Ostfildern
Gestaltung Cover, S. 1, S. 2/3, Faltkartencover: Karl Anders – Büro für Visual Stories, Hamburg; Gestaltung innen: milchhof:atelier, Berlin; Gestaltung Erlebnistouren: Susan Chaaban Dipl.-Des. (FH)
Sprachführer: in Zusammenarbeit mit Ernst Klett Sprachen GmbH, Stuttgart, Redaktion PONS Wörterbücher

Printed in China

FSC
www.fsc.org
MIX
Paper from responsible sources
FSC® C011918